中职学生安全防范与危险处理

刘　涛　主　编
解耿品　主　审

人民交通出版社股份有限公司
China Communications Press Co.,Ltd.

内 容 提 要

本书是山东交通技师学院(全国文明单位)近些年在一体化课改、半军事化管理、安全网格化管理等工作实践中不断探索、钻研、总结、创新的成果之一。全书包括五个单元,主要包括总述、新生安全防范、学习及网络活动安全防范、人身和心理安全防范、典型安全知识与危险处理。

本书既可以作为学生安全教育的教学用书,也可作为学生安全教育的普及读本,同时,本书中的诸多案例也可在家长、老师、学校、社会中起到警示作用,可供大中专院校教育工作者、学生和家长参考借鉴。

图书在版编目(CIP)数据

中职学生安全防范与危险处理 / 刘涛主编. —北京:人民交通出版社股份有限公司, 2018.8

ISBN 978-7-114-14918-4

Ⅰ. ①中… Ⅱ. ①刘… Ⅲ. ①安全教育—中等专业学校—教材 Ⅳ. ①G634.201

中国版本图书馆 CIP 数据核字(2018)第 182358 号

书　　名:中职学生安全防范与危险处理
著 作 者:刘　涛
责任编辑:李　良
责任校对:张　贺
责任印制:张　凯
出版发行:人民交通出版社股份有限公司
地　　址:(100011)北京市朝阳区安定门外外馆斜街 3 号
网　　址:http://www.ccpress.com.cn
销售电话:(010)59757973
总 经 销:人民交通出版社股份有限公司发行部
经　　销:各地新华书店
印　　刷:北京市密东印刷有限公司
开　　本:787×1092　1/16
印　　张:10.75
字　　数:247 千
版　　次:2018 年 8 月　第 1 版
印　　次:2018 年 8 月　第 1 次印刷
书　　号:ISBN 978-7-114-14918-4
定　　价:27.00 元

前言

近些年来,中职学生人身、财物受到不法侵害的案件时有发生,有关中职学生发生安全事故的报道在新闻媒体上也屡见不鲜。安全是中职学校一切工作正常运转的前提和保证。做好学校的安全稳定工作,不仅要通过法律武器维护学生权益,更需要有关部门和学校的共同努力,还需要每位师生员工及家长的积极参与和配合。为了维持校园的正常秩序,维护学生的人身、财产安全和身心健康,提高学生的安全防范与自我保护意识及危险处理的技能,学校应从实际情况出发,制定各种安全教育与管理的规章制度;定期举行专题讲座,对学生进行法律法规、规章制度、纪律、安全防范和危险处理的知识与技能的教育;发挥课堂教学的主渠道作用,让安全教育进课堂。

基于上述理解,结合中职学生的认知规律,编者组织山东交通技师学院的一线教学、学管老师及安全网格管理员编写了本书。本书是山东交通技师学院(全国文明单位)近些年在一体化课改、半军事化管理、安全网格化管理等工作实践中不断探索、钻研、总结、创新的成果之一。本书从总述、新生安全防范、学习及网络活动安全防范、人身和心理安全防范、典型安全知识与危险处理共五个方面进行讲述,引入专业课一体化课程改革新理念,通过表格、图文来阐述安全知识与技能步骤,突出针对性、实用性和可操作性,以提高中职学生自身安全意识和自我防范及危险处理的能力。

本书由山东交通技师学院刘涛担任主编,孟凡福、李士光、朱俊达担任副主编,鲁明、刘海峰、赵军辉、周卫东、王绍乾、刘建河、刘兴旺、李亭参编,解耿品副院长担任主审。第一单元主要由刘涛编写,第二、三单元主要由朱俊达编写,第四单元主要由刘涛、李士光编写,第五单元主要由刘涛、孟凡福编写。在本书在编写过程中得到了临沂市人民医院博士生导师韦标方、临沂市妇女儿童医院陈晓的帮助和支持,在此一并表示感谢。

由于编者水平有限,疏漏之处,敬请读者批评指正。

编　者

2018 年 6 月

目录

第一单元　总　　述

自从有了人类,安全问题就一直存在,安全是人类最基本的需要之一,并且随着社会的发展,其内涵越来越丰富,人们遇到的安全挑战也越来越多。中国正在进行世界上规模最大的中等职业教育。近年来,中职学校社会化现象日趋明显,事故发生的概率日趋加大,学生面临着人身、财产、交通、消防、心理、网络信息、社会实践及公共突发事件等不安全因素。中职学生人身、财产安全和身心健康是中职学生正常学习、生活的基本保障,也是中职学生成长、成才的先决条件,还关系到千家万户的幸福,社会关注度高。

要确保中职学生安全、健康地成长,一方面要依托社会、学校的管理和服务,另一方面就是要提高中职学生自身安全意识和自我防范、规避风险的能力。《国家中长期教育改革和发展规划纲要(2010—2020年)》明确指出,必须重视安全教育、生命教育、国防教育、可持续发展教育,使学生成为德智体美全面发展的社会主义建设者和接班人。

模块1　认识校园安全,树立安全意识

学习目标

完成本模块学习后,你应能:

1. 了解安全、校园安全的概念;认识安全、校园安全的种类;
2. 自觉树立安全防范意识。

建议课时

1课时。

一、安全概述

1. 安全的概念

安全,顾名思义,“无危则安,无缺则全”。“安全”作为现代汉语的一个基本词语,在各种现代汉语辞书中有着基本相同的解释,《现代汉语词典》对“安”字的其中一种释义是“平安,安全(跟‘危’相对)”,并举出“公安”“治安”“转危为安”作为例词,对“安全”的解释是:“没有危险;不受威胁;不出事故”。《辞海》对“安”字的其中一种释义就是“安全”,并在与国家安全相关的含义上举了《国策·齐策六》中的一句话作为例证:“今国已定,而社稷已安矣”。

2. 安全的分类

安全涉及的内容多种多样,从不同的角度有不同的分法。从性质上划分,可以分为人身安全和财产安全。人身安全是安全之本,是财产安全的前提和基础。从所在领域看,可分为政治安全、物质安全和精神安全。另外,从安全的主体分,可分为个人安全、家庭安全、群体安全(如校园安全)和国家安全等。

二、校园安全

随着社会的发展,中职教育办学规模不断扩大,各种商业性质的商店、饭店、网吧、临时车站等遍布中职校园内及周边区域,校园逐渐成为一个开放式的综合教育园区,如图1-1所示。

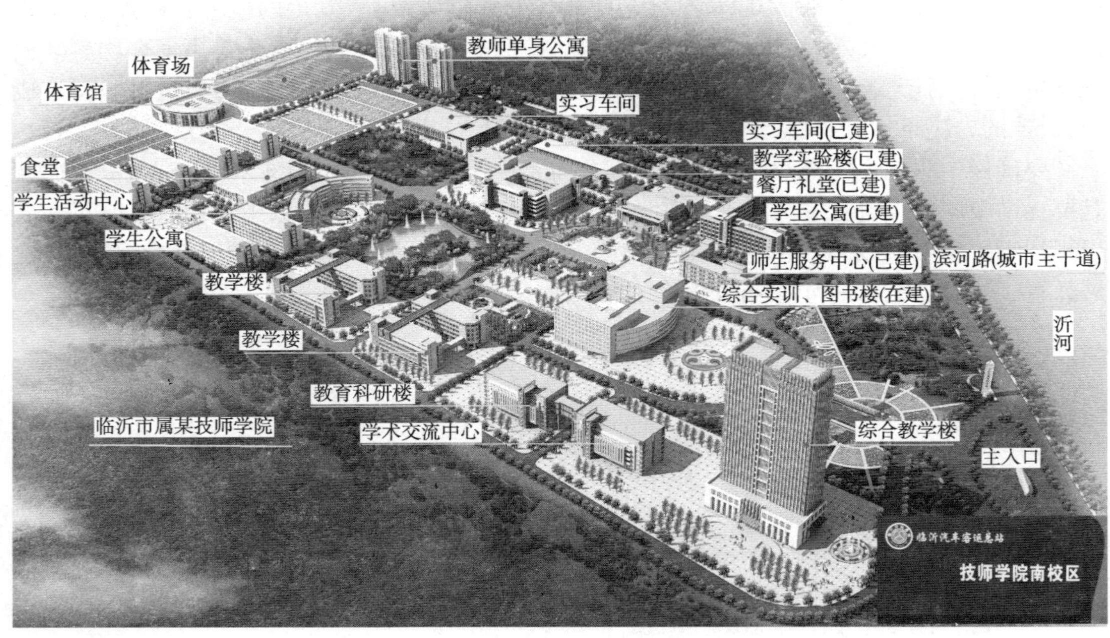

图1-1　综合教育园区

1. 校园安全的概念

校园安全与每位师生、家长以及社会有着密切的关系,如图1-2所示。校园安全是指学校师生的身心、财产不受威胁和伤害,学校资产不受破坏。

图1-2　校园安全,人人有责

2. 校园安全事故种类

1)按事故发生的具体场所分类

(1)校园内安全事故。

①住宿生活区事故。发生在学生住宿楼内的灾害事故。如火灾(图1-3)、触电、开水烫伤、摔伤、高空坠物砸伤、财物被盗、打架斗殴、坠床、睡梦中猝死等;发生在食堂及其他个体饮食经营场所的食物中毒、酒精中毒;发生在校园内学生活动

中心、饮料吧、餐厅、超市等场所，如打架斗殴、财物被盗、踩踏、挤伤等灾害事件。

②教学实训区事故。发生在教学楼、实训楼内的相关灾害事故。如教学楼护栏缺失引起的意外坠楼，因拥挤发生的人员踩踏，因地面湿滑引起的人员摔伤，因实训操作不当、管理不善引起的绞伤、烧伤、中毒、危险品或贵重物品的丢失等事件。

③运动场所事故。发生在校园内所有运动场所内的灾害事故。如球场上、体育器材上运动人员摔伤、撞伤、骨折、中暑、斗殴，剧烈运动引起的学生突然昏厥死亡，游泳池溺水等事故。

④其他事故。校园内骑行、行走不慎摔倒或被各种车辆撞伤，自残，校医院就诊过程中出现的事故等。

图 1-3 住宿区发生火灾

(2)校园外安全事故。在校园外因自然环境或人为原因，导致生命财产遭受损失的事件。如外出乘车、购物、就餐、娱乐、旅游、企业实习等所遭遇到的车祸、溺水、人身伤害、被绑架、被抢劫、被骗、食物中毒、被性侵、被咬伤、误入传销组织等灾害以及学生在校园外私自租住的房屋内发生的灾害事故。

2)按事故发生的原因分类

(1)自然环境原因引发的安全事故。因雷电、地震、山体滑坡、泥石流、台风、洪水、海啸等自然灾害，导致处于灾害区范围内的学校及师生遭受人身伤害或财产损失的事件。

(2)人为原因引发的安全事故。因检查不严、管理不善、经费不足、违规操作、莽撞蛮干、蓄意报复、人际关系紧张、价值取向差异、自理能力欠缺、心理问题、感情问题等因素，引发的火灾、食物中毒、溺水、打架斗殴、杀人偷盗、房屋垮塌等人员伤亡或财产损失等事故。

三、树立安全防范意识

社会发展到今天，校园总体上保持着安全稳定，但个别中职学生受到的非法侵害等安全事故却时有发生，它不仅使个人学业、身心健康、财物受到影响，而且也给家庭带来不安和痛苦。因此，中职学校要培养学生安全防范意识，提高学生自我保护能力，让学生做到居安思危、思则有备、备则无患，如图 1-4 所示。

1. 遵纪守法和文明修身的意识

中职学生树立安全防范意识，首先要加强自身修养和增强法律意识，要学法、懂法、用法，依法保障自己的合法权益；其次是强化文明修身的意识，提高自己的道德素质，避免因自身的素质问题陷入冲突之中，使自身受到不安全因素的威胁。

2. 对安全形势认知的意识

安全隐患早知道，就是要对社会形势有一个全面的认知。特别是随着经济发展和社会的不断转型，中职学生所处的安全环境也在发生变化，对面临的安全形势应引起足够重视，自觉树立对安全形势有正确认知的意识。

图 1-4　校园安全了,家长才放心,学生才安心

3. 自我防范的意识

当前社会总体稳定,但也不可避免地还存在许多不安全的因素,这就要求中职学生树立自我防范意识,对安全隐患要早有心理准备,做好自我保护,尽量避免不安全因素对自身的伤害。

4. 面对突发事件应变的意识

事故的发生有些是没有征兆的,这就要求中职学生要有面对突发事件快速应变的意识。这方面意识的培养,有利于中职学生在面对突发事件的时候在最短的时间内做出判断,第一时间采取措施帮助自己和别人脱离危险,而不是因害怕、应变能力不够而丧失了逃生和减少损失的机会。要想具备被这方面的意识,就要在平时注重加强相关知识的储备以及应变能力的培养。

5. 维护国家安全的意识

每一个公民都有维护国家安全的责任和义务,作为国家未来的建设者和接班人,中职学生更应该要有这种意识,保持高度警惕,严格保守国家秘密,不泄露任何涉及国家安全的信息。在面对危害国家安全的行为时,要勇于斗争,用智慧斗争,维护好国家安全。

6. 培养自我调节能力的意识

挫折是一个人成长过程中不可避免的问题,中职学生要具备积极应对挫折的心理意识。首先要树立正确的人生观、价值观,培养责任意识,学会冷静分析问题,克服困难;其次,要培养健康的心理品质和心理承受能力,调整心态,克服心理障碍,避免情绪极端化,如图 1-5 所示。

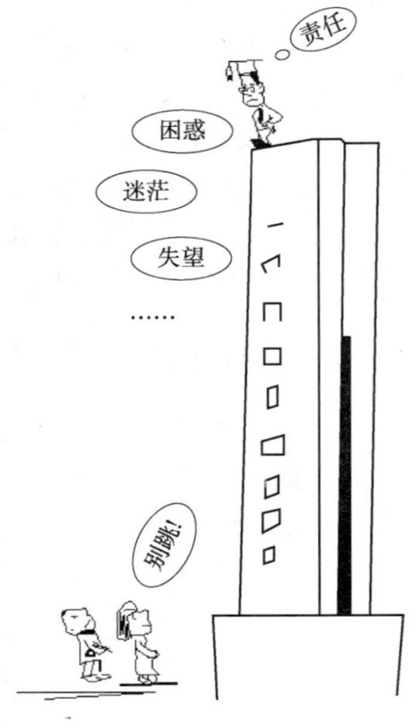

图 1-5　面对挫折,要避免情绪极端化

课堂实践

1. 校园安全事故的种类有哪些?请结合自身经历举例。
2. 结合自身说一说,我们应该树立哪几个方面的安全防范意识?

模块 2 接受安全教育,提高安全能力

学习目标

完成本模块学习后,你应能:

1. 认识接受安全教育的必要性;
2. 了解安全知识,参加安全演练及培训,具备安全防范能力。

建议课时

1 课时。

世界上每天都会发生大量的安全事故,相关专家研究指出,只要安全教育、安全措施到位,80% 的意外伤亡可以避免。

一、中职学生接受安全教育的必要性

中职学生作为一个特殊的群体,其生理和心理还不成熟。一方面,部分学生因家庭教育的缺失、基础教育发展不均衡及受社会不良风气的影响,大多在初中阶段学习成绩不佳,少数学生存在着厌学情绪,缺乏自信,甚至不求上进,使自己处于迷茫之中,从而增加了校园不安全因素爆发的概率。另一方面,从中职学生的成长历程来看,缺乏必要的法律和安全知识,对社会规范知之甚少;从中职学生自身能力来看,缺乏解决各种复杂问题和矛盾的能力,社会阅历浅,承受能力、自我保护意识欠缺。

因此,不安全因素时刻都在危及中职学生的人身和财产安全,让中职学生接受安全教育、掌握安全知识与自我保护技能是十分必要的。

二、学习安全知识,参加安全演练、培训

中职学校可以通过发放《学生安全手册》及开展安全、法制、心理健康主题讲座、主题班会(图 1-6)等形式,加强学生对安全知识、安全防范和危险处理技能的普及力度,让学生树立起正确的社会和校园安全观。

1. 安全知识

1)国家安全和校园外部环境安全威胁知识

包括保持政治敏锐性,提高警惕性,维护国家安全,保守国家秘密,防破坏、渗透,遵守法律法规等方面的具体知识。

2)日常生活安全知识

主要包括防盗窃、防抢劫、防诈骗、防伤害、防性骚扰、防食物中毒,警惕传销骗局、治安防范等。

3)交通安全知识

主要包括外出骑车安全知识、乘坐交通工具安全知识、旅行交通安全知识、安全驾驶等。

a)《学生安全手册》

b)法制教育讲座

c)安全知识讲座

d)安全主题班会

图 1-6 各种形式的安全教育

4)消防安全知识

主要包括用电(违规使用电器,如图 1-7 所示)、用火安全知识,以及火灾发生时报警、初级火灾灭火器使用(图 1-8)、自身安全保护、如何自救和逃生等安全知识。

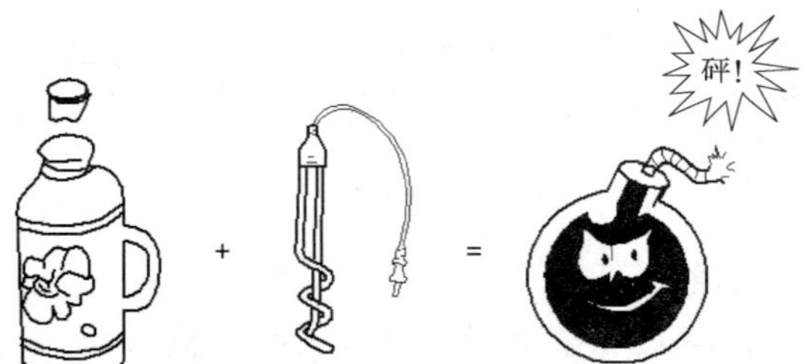

图 1-7 违规使用电器

5)公共安全和自然灾害安全处置知识

主要包括公共突发事件应对和预防雷电、地震、泥石流、冰雪、高温天气、台风、洪水等方面的安全处置知识。

6)科学利用网络安全知识

主要包括预防网络不良信息、计算机病毒、网络诈骗、交友陷阱以及信息安全等方面的安全知识。

7)生命教育和心理调节知识

主要包括培养自身抗挫折能力、心理调节能力,防自残,防吸毒等方面的知识。

8)学习、实验、实践、就业环节中的安全知识

主要包括文体活动、实训操作、防有毒物质接触、防就业诈骗陷阱、外出打工维权等方面的安全知识。

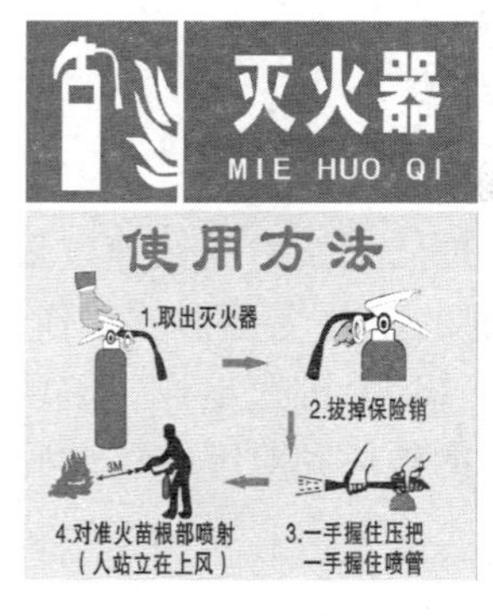

a)灭火器使用方法示意图

b)使用灭火器进行灭火

图 1-8 灭火器的使用方法

2. 安全演练和培训

典型案例

在汶川大地震中，桑枣中学2000多名师生无一死伤，全部成功逃生，这归功于该校校长叶志平对演练工作的重视。演练时每个班级的疏散路线都是划定好的，在每个班级内，前四排学生走教室前门，后四排学生走教室后门也是规定好的。虽然这样做有的学生觉得好玩，有的老师觉得小题大做，可是该校校长叶志平不为所动，严肃认真地坚持演练。在2008年5月12日14时28分大地震发生时，这种紧急疏散演练保证了全校师生能够顺利逃生。

消防演练（图1-9）、防震逃生演练、防空演练、急救知识的培训、旅行生存技巧的培训、求职安全培训、青春期和心理健康知识的培训。

a)室内逃生

b)逃至室外安全区域后，集合清点人数

图 1-9 消防逃生演练

三、提高安全防范能力

1. 要有对坏人的防范能力

随着社会发展，坏人诈骗的伎俩越来越高明，越来越智能化，而中职学生却缺少对社会复杂性的认知，缺少必要的安全防范知识，以致在坏人面前屡屡受到伤害。相反，如果中职学生掌握和具备对坏人的识别防范能力，在学习、生活和社会实践中就能够未雨绸缪，避免许多事故的发生，最大限度地减少损失。

2. 要有对不明信息、诱惑、陷阱的识别能力

近年来，不明信息诈骗、诱骗，网络陷阱日益增多，特别是信息技术的快速发展，中职学生平时接触这方面的信息又多于普通人群，所以是这方面犯罪的主要受害群体。作为中职学生必须有对不明信息、诱惑、陷阱的识别能力，一方面是防止网络、手机短信诈骗陷阱；另一方面是保持高度的政治警惕，防止国外敌对势力对我国政治稳定的破坏和对国家秘密的窃取。

3. 要有对所处外部环境潜在危险正确预判的能力

绝大多数危险都是有前兆的，中职学生必须有敏锐的头脑，时刻对外部环境潜在危险保持警惕。古人说得好："祸兮福之所倚，福兮祸之所伏。"福和祸两个因素即是相互渗透的，又是相互转化的。一方面，即使处于安全环境，也要居安思危，理性面对安全问题，避免不必要的危险发生；另一方面，对外部环境潜在危险时刻保持警惕，有利于及时发现安全隐患，采取必要措施，减少人员伤亡和财产损失。

4. 要有抗挫折和进行自我心理调节的能力

中职学生必须有一个良好的心态和足够的勇气去面对挫折，要以对自己、对家庭、对学校、对社会高度负责的态度，及时找到遭受挫折的原因，进行自我心理调节，用最好的精神状态面对未来的人生之路。

5. 要有对已发生的危险情况积极应对处置的能力

每个中职学生在成长的过程中都可能会遇到危险，都会面临处理危急情况的考验，这就要求中职学生平时注重学习积累各种安全知识，熟悉各类紧急情况的处理程序和注意事项，临危不乱，利用身边有利条件和积极因素将所掌握知识运用好、发挥好，最大限度地减少损失和伤害，这种能力越是在关键时刻越能体现它的价值。

课堂实践

1. 中职学生应具备的安全知识有哪些？说说自己参加过哪些安全演练？有何体会？
2. 我们应具备哪些方面的安全防范能力？

模块3　自觉遵纪守法，预防违法犯罪

学习目标

完成本模块学习后，你应能：

1. 认识校规校纪，加强纪律修养；
2. 树立、培养法律意识，远离违法犯罪。

建议课时

1课时。

中职学生树立法制意识，是现代法治建设的要求，也是培养社会主义事业接班人和现代化建设合格人才的需要。增强法律意识就是要通过提高法律素质和法制观念，增加我们学法、知法、懂法、用法的紧迫感和自觉性。中职学生首先要遵守校规校纪，通过参加一些崇尚文明、热爱集体、团结互助、积极向上的文化活动和志愿者服务等实践教育活动，加深对国情、民情的了解，增强社会责任感，从内心理解和支持党的路线、方针、政策，做遵纪守法的公民。

一、遵守校规校纪

为了维护中等职业学校的教学工作和生活秩序，为中职学生创造一个良好的成才环境，培养学生良好的行为习惯，促进德、智、体、美全面发展，教育部等相关部门颁布了《中等职业学校学生公约》等一系列规定，这既对中职学生的行为提出了总体要求，又是中职学生学习、生活、行为的具体纪律规范，是必须履行的章程。

某中职学校学生日常行为规范

1. 爱祖国，爱人民，拥护中国共产党；
2. 敬国旗，敬国徽，升降国旗要肃立；
3. 守法律，遵秩序，社会公德要牢记；
4. 亲自然，节能源，一草一木要珍惜；
5. 敬老幼，扶残困，乐于助人全不昧；
6. 孝父母，名礼节，长辈教导要聆听；
7. 爱劳动，树正气，艰苦朴素要谨记；
8. 懂礼貌，讲诚信，言行一致要自律；
9. 遵校规，守纪律，保持校园好秩序；
10. 敬师长，谦礼让，团结同学不欺凌；
11. 知礼仪，懂自爱，仪表端庄讲文明；
12. 远毒品，爱生命，安全警钟要长鸣；
13. 惜粮食，不浪费，节约水电好习惯；
14. 强体魄，健身心，文体活动要积极；
15. 重标准，守规程，文明生产保安全；
16. 爱岗位，履协议，珍惜工作不违约；
17. 学知识，专技能，精益求精大工匠；
18. 新青年，新技能，弘扬社会正能量。

1. 校园纪律规范

在国家法规的平台基础上，各中等职业学校一般都结合自己的实际情况，制定一系列具体实施的纪律规范，为方便学生学习，一般以《学生手册》的形式呈现（图1-10），并在入学教育期间就发放给学生，主要包括以下几个方面。

1）学籍管理规定

主要包括：入学与注册，参军、休学与复学，转学、升学与退学，奖励与处分等与学业、前途相关的规定。

2）学生考试规则

学生考试规则是中职学生参加学业、技能考核的规范性要求。

3）学生请假和活动审批制度

学生有病或有事，学生必须履行相应的请假手续，一般学校都有统一的请假条。集体外出实习、游学、参加社会志愿者服务等各

图1-10 《学生手册》

类活动要进行审批。

4)课堂纪律规定

课堂纪律规定是学生上课时礼仪、行为举止的基本规范,是保证课堂纪律的重要原则。

5)学生住宿管理规定

学生宿舍是学生学习、生活的重要场所,是培养基础文明和修养的重要阵地,每名学生必须遵守学生宿舍的管理制度,保证宿舍的安静、卫生、整洁,节约用水、安全用电,按时作息、不晚归、不留宿外人居住。

6)校园安全稳定有关规定

校园安全稳定有关规定方面的纪律是为了加强对学生的安全教育,引导学生培养安全意识、维护国家安全、维护校园稳定的制度。

7)诚信、公益和文明行为方面的要求

为了培养中职学生的诚信观念和奉献意识,培养中职学生应知应会的文明礼仪,主动承担社会责任,成为合格的社会栋梁之材。

2. 违反纪律,产生的不良后果

1)从大的方面讲

违反纪律,荒废学业,损害了国家的利益,浪费了国家有限的教育资源。

2)从个人角度看

违反纪律,荒废学业,浪费了自己的青春年华,辜负了父母的期望,造成了家庭经济的损失。

3. 自觉加强纪律修养

纪律不仅是保证学校教学、科研和各项工作顺利进行的重要条件,而且关系一代新人高尚品德的形成。培养学生自觉遵守纪律的优良品质,是中等职业学校的一项重要任务。中职学生应提高遵守纪律的自觉性,增强纪律修养,从以下几点出发,做遵守纪律的模范。

1)不断增强纪律观念

首先,要从思想上真正认识到纪律的极端重要性,并使之成为一种内在的要求,才能自觉地遵守纪律。其次,要认真学习学校的规章制度,知道哪些是应该做的或提倡做的,哪些是不应该做的或不能做的。最后,要正确处理自由与纪律的关系,培养自我管理、自我约束的能力,做到在任何情况下,思想上不忘纪律观念、行动上不违反校规校纪。

2)努力提高思想觉悟

遵守纪律的自觉性,是以高度的思想觉悟为前提的。一个思想觉悟高的人,他的所作所为,一定会为他人和集体着想,自然不会做出违反纪律的事情。

3)努力加强道德修养

一个人道德水准的高低对遵守纪律与否关系极大,实际生活中,一切违反纪律的言行,实际上都是不道德的表现。作为中职学生,要让自己成为一个有道德、守纪律、有益于他人的人。

4)遵守纪律贵在实践

良好的纪律修养是从自我做起、从点滴做起养成的。只有在日常生活中经常用各种纪律规范作为自己的行为准则,严格约束自己,自觉锻炼自己,处处自尊、自重、自爱,身体力行,才能真正成为遵守纪律的人。

5)敢于同违反纪律的行为作斗争。

纪律是集体的灵魂,是维持正常的生活和学习秩序、创造良好成才环境、培养合格人才的可靠保证。维护纪律人人有责,中职学生要敢于同各种违反纪律的行为作斗争,对违纪行为及时进行揭发,共同维护正常的校园秩序。

二、遵纪守法,远离违法犯罪

典型案例

2012 年 1 月,某学生先后两次把掺有火碱和硫酸的饮料,倒在北京动物园饲养的狗熊身上和嘴里,造成多只狗熊受伤。他被拘留后说,自己学了法律知识,知道《民法》、《刑法》等,但不知道伤害狗熊是犯罪。

从案例中,该学生没有将法律知识转化为法律意识,用以指导自己的行为,从而不知道自己的行为是否正确。另外,极少数学生对法律持不信任或漠视的态度,当自己的合法权益受到侵害时,要么缺乏维权观念,不能积极主动地利用法律武器维护自己的正当权益,要么采用极端的报复手段讨回"公道",导致违法犯罪的发生。

1. 树立法律意识

法律意识是公民理解、尊重、执行和维护社会主义法律规范的重要保证。具备法律意识,就会做到不仅不犯法,而且能积极维护法律尊严。作为当代中职学生,应树立以下法律意识。

1)依法办事的思想观念

中职学生不仅自己要遵纪守法,而且要监督他人遵守和执行社会主义法律,坚决同一切违法犯罪行为作斗争,使社会主义法治真正实现。

2)树立宪法和法律具有最高权威的观念

一是任何个人和集体、组织都不具有超越法律之上的权力,都必须依法办事。坚决反对"权大于法、人情大于法"的法律虚无主义观念。二是要认识到作为中华人民共和国公民,必须无条件地服从和遵守国家的宪法和法律。

3)培养权利义务相一致的观念

法律强调权利和义务的统一。中职学生应形成正确的公民意识,在享有个人所拥有的权力时,不忘尊重和承认他人的合法权益,不忘履行对国家、对社会、对他人的义务。在行使自己权力时,要慎重考虑自己的言行、行为的社会后果,不得损害国家、集体的利益和其他公民的合法权益。

4)在法律面前人人平等的观念

一是公民在法律面前人人平等,主要指公民不分性别、民族、种族、职业等一律平等地享有法律规定的权利,承担法律规定的义务;不管是什么人,只要是违法,都要依法受到追究。二是公民在运用法律上一律平等,不允许任何人享有特权。

2. 培养法律意识，远离违法犯罪

学法、知法、懂法是形成完整的法律思想体系的基础，因此，中职学生首先应自觉接受学校法制教育和思想道德教育。其次，中职学生要从自身做起，具体做到以下几方面。

1)要注意选择交往对象

在交友过程中一定要慎重，不要交上不三不四的人，以免被他们带坏，毁了自己人生。如某校学生，曾任班级团支部书记，是个品学兼优的好学生，但由于他跟两个有劣迹的人交往过密，结果受他们影响，参与抢劫，被抓判刑。

2)要注意多跟家长、老师交流沟通

社会上许多事很复杂，自己遇到什么事感到疑惑不解时，要多跟家长老师商量、报告，听取他们的看法和意见，家长老师社会经验丰富，肯定能帮助我们，有事千万不要瞒着家长、老师。

3)要学会自我控制

遇事要冷静，不要冲动，更不能逞强好胜，要想想我这样做会产生什么后果，与其以后后悔，不如现在不做，俗话说："退一步海阔天空"，忍让并不代表自己软弱，而是成熟的标志。如果说为一件小事怒火中烧，动刀动棒，非要争个高低，结果只能是赢了"面子"，却害了终生。这样的例子也不少，出于哥们义气，帮忙打架，有不少打伤人甚至打死人的情况。

4)参加社会活动，要注意选择，自觉抵制各种诱惑

社会生活丰富多彩，有健康的，也有不健康的，我们参加社会活动要选择活动的内容，选择活动场所，选择参加人员，不要为了追赶潮流，进网吧、游戏厅、歌舞厅、茶楼等地方，要使自己远离滋生违法犯罪的土壤。要坚信只有依靠自己的能力，才能创造出属于自己的财富。例如某歌唱家的儿子李某某涉嫌轮奸案，实际上李某某小时候也是个品学兼优的孩子，多才多艺，曾获很多奖项，但十几岁就开始打架，混迹社会，去不该去的场所，家长疏于管理，溺爱成性，造成今天的后果，涉嫌犯罪的五人中只有一人年满 18 岁，其余 4 人均未成年。

5)要注意防微杜渐，从苗头开始防范

"勿以善小而不为，勿以恶小而为之"，不要因为这件事看起来微不足道，但只要是好事，我们就应该努力去做，养成了习惯，以后我们就会经常做好事，就会成为一个好人；如果是坏事，我们就不应该干，不要以为打同学一巴掌，骂同学一句，偷同学一支钢笔、一块橡皮是小事，无所谓，殊不知这种坏习惯一旦养成，日积月累，以后就会越干越大，"小时偷针，长大偷金"就是这个道理。

法律条文

《中华人民共和国未成年人保护法》14、15 条明确规定，未成年人的下列行为属于不良行为：(1)旷课、逃学；(2)未经家长同意，擅自外出夜不归宿；(3)携带匕首、三棱刀、弹簧刀等管制刀具；(4)打架斗殴、辱骂他人；(5)强行向他人索要财物；(6)盗窃财物、故意毁坏财物；(7)赌博或者变相赌；(8)观看、收听、阅读黄色音像制品、书刊等；(9)进入法律、法规规定未成年人不适宜进入的网吧、营业性歌舞厅等场所；(10)吸烟、酗酒。

以上行为对于中职学生来说,都是不良行为,所以同学们要逐渐养成良好的习惯,远离这些不良行为,然后才能远离违法犯罪。

模块4 关注国家安全,学会爱国护国

学习目标

完成本模块学习后,你应能:

1. 提高国家安全意识,从自我做起,维护国家安全;
2. 认识邪教迷信本质,提高防范意识,会抵制邪教和封建迷信的侵蚀。

建议课时

1课时。

国家安全是指国家政权、主权、统一和领土完整、人民福祉、经济社会可持续发展和国家其他重大利益相对处于没有危险和不受内外威胁的状态,以及保障持续安全状态的能力。

典型案例

2014年8月,高中毕业后辍学在家的李某在网上结识一名网友,在多次接受对方钱财后,对方威逼利诱其帮助拍几张机场照片,2014年9~12月,李某等人先后16次拍摄、报送机场照片数百张,并获得5万多元的费用。起初对方让李某拍摄军机照片,后来又要其统计军机起落时间并绘制机场地形图。正在李某纠结不安的时候,国家安全机关将其抓捕。

近年来,危害我国国家安全的势力从没有停止过活动。为此,2015年7月1日,全国人大常委会通过的《中华人民共和国国家安全法》规定,要通过多种形式开展国家安全宣传教育活动,将国家安全教育纳入国民教育体系和公务员教育培训体系,增强全民国家安全意识,每年4月15日为全民国家安全教育日,12339是国家安全举报热线,如图1-11所示。

图1-11 全民安全日和安全热线

中职学生都应当成为国家安全和利益的自觉维护者,从观念和行为两个方面严格要求自己。

一、中职学生国家安全意识现状

(1)中职学生对国家安全还停留在一些传统的、局部的认识上,不能正确理解国家安全当前的定义、范围。

(2)把国家安全等同于情报间谍活动的片面认识,认为情报是特工干的事情。

(3)我国长期处于和平环境,使中职学生自觉不自觉地对国内外敌对势力的破坏活动放

松了警惕，淡化了安全意识。由于思想麻痹、经不起金钱等各种诱惑，不惜丧失国格、人格，出卖情报，给国家安全和利益造成重大损失，同时也使自己走上背叛人民的道路。

(4)当代中职学生由于涉世不深，国家安全意识相对薄弱，同时深受西方享乐主义和拜金主义的影响，在思想上存在着深刻的危机。

二、从自我做起，维护国家安全

1. 强化自己的责任意识，树立国家利益高于一切的观念

维护国家安全、保护国家利益是每一位中国公民的首要任务。把国家安全放在高于一切的地位，是每个公民首先要秉持的观念。一方面，通过接受爱国主义教育，树立正确的世界观和人生观。另一方面，通过加强爱国主义实践，从真正意义上意识到自己是国家的主人，国家的稳定与安全关系着整个民族的切身利益；意识到国家安全涉及国家社会生活的方方面面，是国家、民族生存与发展的首要保障；意识到把国家安全放在高于一切的地位，是国家利益的需要，又是个人安全的需要。

2. 努力提高守法意识，熟悉有关国家安全的法律、法规

要弄清对外交往中什么是合法、什么是违法、可以做什么、不能做什么，这对中职学生来说是很有必要的。遇到法律界限不清的问题，要肯学、勤学、慎行。要严格遵守国家安全方面的法律法规，认真履行维护国家安全的各项任务。

3. 强化防范意识，站稳立场、坚持原则，善于认清各种伪装，及时发现破坏国家安全的活动

从理论上讲，有关国家安全的常识、规定都比较完善了。但是，实际情况比我们想象的复杂得多，中职学生如果丧失警惕，就可能上当受骗，甚至走上违法犯罪的道路。对外交往中既要珍惜个人友谊，又要牢记国家利益，加强防范，对发现的别用用心者，要依法及时举报，进行斗争，绝不准其恣意妄行。

4. 培养配合意识，积极配合国家安全机关的工作

当国家安全机关需要大家配合工作的时候，在工作人员表明身份和来意之后，每个同学都应该按照法律赋予的义务要求，认真履行职责，尽力提供便利条件或其他协助。例如，如实提供情况和证据，做到不推、不拒，更不能以暴力、威胁阻碍执行公务，还要切实保守好已经知晓的国家安全工作的秘密。

5. 克服妄自菲薄等不正确思想

任何国家都有自己的安全与利益自不待言，也有别人没有的政治、经济、文化、军事、科技、资源等秘密，还有独具特色的传统工艺等。也就是说，再富有的国家也不可能应有尽有，再贫穷的国家也不可能没有一点令其他国家羡慕的东西。要看到我们有许多世界第一的“中国特色”，有一系列国家秘密和单位秘密需要保守。对这一切没有正确的认识，就会妄自菲薄、悲观失望，就可能在许多问题上产生错误的看法，甚至做出亲者痛仇者快的事情来。

6. 认真接受保密知识培训，增强安全意识

中职学生要防止失密、泄密，要认真做到以下几个方面。

(1)必须学习《中华人民共和国国家安全法》，接受保密知识教育，增强保密意识。

(2)提高防范意识，抵制各种诱惑。在对外交往中，凡涉及国家机密的内容，要么回避，要么按上级的对外口径回答，要抵抗各种诱惑，不能因为自己的私欲和贪心而损害国家安全与利益,如图 1-12 所示。

(3)在与境外人员交往时不携带秘密文件、数据、资料。

(4)不经相关部门批准,严禁带境外人员参观或进入非开放区。不准境外人员利用交流、合作的机会进行系统的社会调查。

图 1-12 经不住诱惑,害己害国

三、坚决抵制邪教迷信,反对民族分裂

邪教是冒用宗教、气功或其他名义建立的,利用迷信邪说的手段蛊惑、蒙骗他人,发展、控制成员,危害社会、国家安全的非法组织。近年来,崇尚科学、反对邪教的意识已经深入人心。

邪教具有反科学、反社会、反政府、反人类的本质。世界各国的邪教,为达到不可告人的目的,都把人当作任意摆布的奴隶,进行折磨和残害,并以极端利己主义的说教宣扬世界末日,宣扬自我"圆满"。鼓吹集体自焚、集体服毒自杀,是邪教组织经常采取的残害生命、欺骗人民的惯用伎俩。从我国的情况看,邪教起家时往往以敛财为目的,但随着其组织壮大、成员增多、钱财聚集,邪教的政治野心也随之膨胀,便公然践踏法律,进行各种反党、反政府、反社会主义的活动,甚至走上卖国求荣的罪恶之路。

1. 邪教组织存在的原因

在科学和文明高度发达的今天,邪教组织仍在全世界不断滋生和泛滥,究其原因:

一是由于整个世界社会环境恶化,贫富悬殊,经济迟滞,政局动荡,灾难疾病等问题导致人们疑惑不解,从而求助于各种各样的解决办法,为邪教滋生提供了温床。

二是邪教也在不断发展,且与科学联姻不断改进,使其具有了一定的迷惑性,容易吸引某些受到困惑的人,他们把邪教当作精神寄托。

三是西方的政党之争、宗教复兴浪潮的兴起也为邪教的发展提供了便利。

2. 崇尚科学,抵制邪教和封建迷信侵蚀

由于中职学生思想意识的不成熟性和可塑性,邪教随时都可能在我们身边出现,如图 1-13所示。我们必须加强对邪教组织的防范,认清邪教危害,坚决抵制邪教。

(1)努力学习,用科学知识来武装和充实自己的头脑。

图 1-13 受邪教或封建迷信侵蚀

(2)参加有益的社会活动,保持积极的人生态度。

(3)慎重参加校外社团,警惕被非法分子利用。

(4)不受邪教影响,不参加任何邪教组织,警惕网络邪教的传播。

(5)树立正确的世界观,提高辨别能力,认清邪教与宗教的区别。

(6)发现有人进行邪教活动,有责任和义务及时向有关部门报告。

(7)坚定信仰,警惕境内外反动宗教组织对我国的宗教渗透。

(8)坚持科学精神,自觉同封建迷信作斗争。

3. 反对民族分裂,维护民族团结

民族团结是国家统一、繁荣昌盛的前提和保证,加强民族团结、维护祖国统一是中华民族的最高利益,也是各族人民的共同愿望。中职学生是国家未来发展的建设者,理应担负起重任,在实际学习生活中维护民族团结与统一,反对各种形式的民族分裂行为。

首先,要培养自己的爱国精神、民族团结的意识。其次,要刻苦学习,用知识和技能为祖国的发展添砖加瓦。再者,在生活中要了解和尊重不同民族的风俗习惯,这是维护民族团结的前提之一。因为只有这样,才能进行互相帮助,进而共同努力。最后,要关心社会安全,同破坏国家统一的行为作斗争。

课堂实践

1. 结合自身说一说,中职学生应如何从自我做起,维护国家安全。
2. 结合自身说一说,如何做到抵制邪教和封建迷信侵蚀,反对民族分裂。

第二单元 新生安全防范

模块1 军训安全防范

学习目标

完成本模块学习后,你应能:

1. 认识军训及军训中常见症状,并掌握其防治方法;
2. 军训期间,养成科学的饮食习惯;
3. 掌握军训期间安全守则。

建议课时

2课时。

典型案例

近年来,学校在军训过程中,学生晕倒甚至死亡的事故时有发生,不得不引起我们的思考。

"报告教官,我不行了。"一名女生脸色苍白,双脚无力,声音微弱。"报告,有人晕倒。"过了几分钟,又有一名同学被抬出操场。这是发生在某技师学院一年级新生军训首日的一幕,短短半小时,参训的2000余名新生中,就有近百名学生晕厥。军训现场学生晕倒的场景已不鲜见,不过,这次晕倒的学生这么多,着实令人惊讶。

学生的体质越来越差,缺少必要的体育锻炼是原因之一,在军训过程中出现中暑甚至休克都有可能。一些身体存在疾病又没有外在表现者甚至猝死都有可能。那么在学生军训过程中我们应该注意哪些内容呢?

军训是每一名中职学生都要接受的一次重要的国防教育,学生可以从中学到军事知识,了解国防建设的重要性;培养拥军爱国、献身国防的良好品德。军训不仅锻炼了我们个人的身体体质,同时教会每个人遵守纪律、令行禁止,让每个人懂得如何与他人协调一致,让我们的集体更加有力量,如图2-1所示。由于军训的特殊性,学生会面临着气候、身体、饮食等方面的安全问题,需要提高安全意识、加强自我保护。

图 2-1　军训场景

一、军训中常见症状及其防治

认识军训中常见症状,掌握一定的预防措施和治疗方法,对参加军训的中职学生来讲,是十分有必要的。

1. 防中暑

中暑,是由于身体不适应高温高湿日晒的环境,机体产生的热量不能及时向外散发,体内水和盐的代谢失去平衡而导致。此外,睡眠不足、精神紧张、过度疲劳、带病军训也是高温中暑的常见诱因。中暑的症状有面色苍白、大量出汗、头昏、耳鸣、眼睛发花、注意力不能集中、口渴、心慌、胸闷、脉搏加快、全身无力等,如图 2-2 所示。

当发现自己或身边同学有此类症状时,应及时向教官反映,并寻求帮助。另外,平日要保证充足的睡眠;多吃时令蔬菜和水果;将藿香正气水等防暑药品提前服用或随身携带以备急用。

2. 防晒伤

晒伤(晒斑,日照性皮炎),为正常皮肤经暴晒后产生的一种急性炎症反应,如图 2-3 所示。军训时,学生多处位于阳光直射下,有些皮肤较敏感或者易受刺激的学生容易被晒伤。皮肤在晒伤后会出现红斑、水肿,严重的还带有水疱,多半伴有瘙痒、灼痛的感觉。

图 2-2　中暑

图 2-3　晒伤

要做到晒伤的预防和修复,学生在训练之前除了要涂抹防晒乳液以外,在训练结束后,可将黄瓜汁、西瓜皮汁、芦荟等绿色植物敷在疼痛的皮肤上,帮助晒后修复。

3. 防腹泻

腹泻常常是由于进食了被细菌感染的食物引发的,如图 2-4 所示。水土不服也能引起腹泻,比如,北方的学生到南方学习,肠胃对南方的食物完全不能适应,进而引起腹泻。

在军训过程中,如果出现腹泻,要及时报告教官或者校医,求得安全指导。如腹泻不严重,可以多喝一些盐水,盐水的比例是 1 杯水加 1/4 匙盐。要注意饮食的卫生,做到饭前、饭后洗手,不吃不干净的食物。

4. 防皮肤病

夏天军训，由于湿度大、气温高，一些细菌和真菌繁殖速度快，而夏季皮肤出汗多，汗液浸渍皮肤、尘埃黏附，容易招致葡萄球菌、链球菌和真菌的感染，从而引起毛囊炎、脓包疮、汗斑与斑癣等皮肤病，如图2-5所示。

图2-4　腹泻

图2-5　皮肤病

预防皮肤病，要勤洗澡、勤换衣、保持皮肤清洁干净。训练过程中做好防晒工作，涂抹好防晒霜；袜子及贴身衣物要选择棉质的；身体出汗后要及时擦去，避免汗渍及细菌感染。另外，要注意少吃辛辣、油腻或过甜的食物。

5. 防抽筋

抽筋，又名腿部肌肉痉挛，是腿部不由自主地收缩的表现，多半发生在锻炼过程中，如图2-6所示。在训练过程中，某一部分肌肉持续用力后，应注意及时放松，不能疲劳过度。当发现自己的腿抽筋时，可先将腿放平，拉住脚掌，把筋拉到不再抽筋为止，这样可以缓解腿部的痉挛。

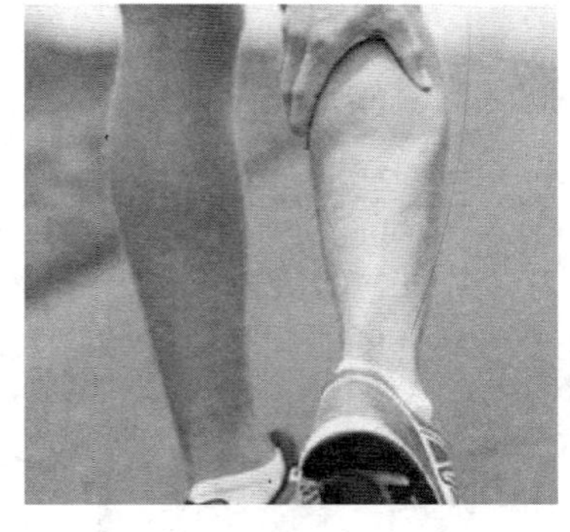

图2-6　抽筋

6. 防感冒

感冒后，对于一般的打喷嚏、鼻塞等症状不用药物靠自身的免疫力就可以恢复；如果喉咙发炎则服用抗炎类药物；如果发烧应该早点儿去医院就诊。

预防感冒，要避免大汗后用凉水洗澡和睡眠时长时间使用电扇，及时更换被汗水浸湿的衣物，保证正常休息时间和饮食营养，循序渐进地进行各项训练，可有效减少上呼吸道感染的发生。

7. 防软组织损伤

软组织损伤以韧带（关节）扭伤和肌肉拉伤多见。表现为损伤局部肿痛、瘀血、关节积液或血肿，活动严重受限。

训练前应预先做一些踝膝等关节练习活动进行热身；损伤发生后应立即停止训练并就地进行冷敷（冰块或自来水等），抬高患肢。若损伤较重，应尽早就医。

8. 防红眼病（急性结膜炎）

红眼病是一种传染性极强的急性病毒性眼部疾病，早期有眼内异物刺激感，痒感或烧灼感，以后会出现眼刺痛或剧痛，畏光，眼睑水肿，结膜及结膜下出血，并伴随大量浆液性分泌物。

如果出现症状需要及早就诊治疗,并对眼分泌物污染的物品进行及时消毒。预防红眼病,关键要搞好个人卫生,培养良好的卫生习惯,如不共用毛巾、手帕等,尤其不要借用已患病者的物品。另外,特别值得注意的是要勤洗手,不要用脏手揉眼睛,以防引发病症。

9. 防晕厥

军训期间的晕厥有运动性晕厥和低血糖性晕厥。前者也称暂时性脑供血不足,多见于体弱贫血、低血压及训练基础差者;后者主要发生于早晨不进食或进食很少者,且往往突然发生。晕厥前常有乏力、头晕、眼发黑、心慌、四肢无力、恶心、耳鸣、冷汗、脉弱、面色苍白等症状。

晕厥预防:每天必须进食足量早餐;当有晕厥前兆出现时,应就地蹲下、平卧或向身边同学、教官求救,千万不能硬撑,以免晕倒后意外跌伤。晕厥后的处理:立即平卧或低头位,解衣领、松腰带并抬高下肢,保持周围空气畅通,同时向医务人员求救。低血糖晕厥者应予保暖、进服少量流质食物或浓糖水。

10. 腿脚酸痛及其缓解方法

学生军训,无论是训练的强度、时间还是目标等,都不同于体育课和一般的体育运动,特别是军训初期,腿脚酸痛在所难免。

为保证圆满完成军训任务缓解腿脚酸痛,晚上睡觉前可用热水泡脚,效果明显,而且有利睡眠;没事的时候用热毛巾热敷有酸痛感的地方,然后做适当的按摩以帮助乳酸扩散;在睡觉的时候把腿稍稍抬高(可以垫个枕头)也有一些帮助。

二、军训期间的科学饮食

1. 注意补充水分

高强度的训练会导致汗液的大量分泌,进而水分流失,人体随之就需要补充水分。水分的补充以运动饮料和茶水、盐水最佳,不要拼命喝白开水或矿泉水,如图2-7所示。大汗淋漓后不要急于喝水,稍微休息片刻再补充水分,以免对肠胃突然加重负担造成伤害。

图2-7　补充水分

2. 规范饮食习惯

早餐一定要吃,并且要吃好,只有这样才有足够的精力投入到长时间的军训中。否则会因为身体血糖太低导致休克。另外,在饱食后不要立即投入到训练中。待食物在胃部进行一定的消化后,再开始运动比较合理。否则,刚吃饱就运动很可能引起呕吐。另外,要按照军训的作息时间要求,按时进行一日三餐的就餐,如图2-8所示。不能因为累,饭也懒得吃了。

3. 合理增加营养

军训后体力消耗极大,这个时候不要亏待自己,多吃一些肉类、蛋类,最好还多喝点汤菜类,同时注意补充各种维生素,如图2-9所示。少吃零食、冷食和碳酸饮料,自己携带的食物注意保质期和储存方法,不在不卫生的小摊处进食。易出汗的同学可适当引用一些淡盐水或盐汽水。

一日三餐的学问：

- 早上吃得好，
- 中午吃得饱，
- 晚上吃得少。

图 2-8　规范饮食习惯

图 2-9　合理饮食

三、军训期间安全守则

1. 用电安全

离开宿舍前注意切断屋内所有电源（把电脑、充电器等用电设备的电源全部拔掉）；晚间不把用电设备（包括手机充电器）放在蚊帐内使用，不违规使用电器和明火。

2. 财物安全

尽量不携带贵重物品到校，训练时不可佩戴耳钉等首饰。离开宿舍时注意关好门窗（防盗、防强对流天气），自带一把小锁，将自己的橱门及时上锁。

3. 人身安全

集体行动听从指挥，在人多聚集的地方切勿拥挤，上下楼梯时注意脚下；不过量活动，闲暇运动时注意量力而行、做好热身、避免运动损伤；未经允许不得离校外出，在校内外行走时要走人行道，过马路时谨记“安全”；雷雨时注意避雷；洗澡期间切记相互打闹，以免滑倒摔伤。

模块 2　饮食与用药安全防范

学习目标

完成本模块学习后，你应能：

1. 掌握坚持健康饮食，养成良好饮食习惯，关注饮食卫生；

2. 会对食物中毒进行预防及救护；

3. 学会科学安全用药。

建议课时

2 课时。

典型案例

2012 年 9 月，黑龙江省某中学初一学生李某，早晨到小卖店买了食品和一袋辣根，边赶路边吃。上课半个多小时后，李某突然肚子疼痛，嘴唇发紫，浑身哆嗦，呼吸困难。到医院经及时抢救方脱离危险。经调查检验，该生吃的辣根已过期变质，并含有大量的病菌，系“三无”。

一日三餐，必不可少，但是吃进肚子里的东西还是小心为好，如果因一时疏忽而导致食物中毒那就得不偿失了。现在就让我们来了解一下在平时生活中防止食物中毒的小方法。

食品、药品，一直是人们关注的重点，也是影响学生安全的重点问题。坚持健康饮食，关注食品安全；走出用药误区，掌握科学用药常识，是中职学生不可或缺的生活常识。

一、坚持健康饮食，养成良好饮食习惯，关注饮食卫生

民以食为天，食以安为先，如图 2-10 所示。

图 2-10　关注饮食安全

1. 一年四季坚持健康饮食

春季：学生活动量增加，需钙量较多，食谱中就要多增加牛奶、海带、鱼、虾、豆制品等含钙量丰富的食物，同时要多补充蔬菜。

夏季：天气炎热会导致食欲不佳，体内的能量消耗多，在饮食中就必须补充水分，以清淡为主，不过于油腻。

秋季：天高气爽，气温由酷暑转为凉爽，人的体内消耗逐渐减少，食欲开始增加，但要注意养阴清热、润燥止渴、清心安神，此时，可常食蜂蜜、银耳、芝麻、乳品等具有滋润作用的食物，多吃新鲜的蔬菜、水果。

冬季：天气寒冷，热量需求增多，故要多选择烧、焖等口味较香浓的方法烹制食物。

2. 远离不良饮食习惯

(1)经常不吃饱。长期饥饿或饮食不足，或某些营养素摄入过少，会导致消瘦乏力，严重的会造成各种营养素缺失症。《内经·素问》曾指出“谷不入，半日则气衰，一日则气少矣”。饮食不足，特别是蛋白质和热能的缺乏，会引起代谢紊乱，生长发育障碍，免疫功能低下，导致恶性营养不良的发生。若某些营养素长期缺乏，可导致各种营养素的缺失症。

(2)经常吃太饱。饮食过量,不仅因胃肠负担过重而影响消化吸收功能,而且可导致营养过剩而引起疾病。暴饮暴食或长期过饱,过食肥甘,某些营养素过剩在体内堆积,营养失去平衡,均可造成消化道功能代谢紊乱,可产生高脂血症、高血压、糖尿病、肥胖症等,如图 2-11所示。

(3)过于偏食或嗜食,如图 2-12 所示。偏食可导致营养障碍、代谢失调,从而产生各种病症。同样由于嗜食会造成营养过剩,影响各脏腑的功能。如爱吃零食的人,胃肠功能容易紊乱。由于零食多含糖类和脂肪,缺少蛋白质和维生素。可造成营养不良或维生素等缺乏症。又如偏素食的人,则容易造成微量元素、维生素 B12 等缺乏症。

图 2-11 吃太饱的危害

图 2-12 挑食

(4)经常吃过冷的食物或生食。"燧人氏始钻木取火。炮而生熟,令人无肠疾"。生食,尤其是肉类,不仅含有病菌或寄生虫而易令人患病,而且往往不易被消化吸收并损伤肠胃。冷食不仅刺激肠胃,容易导致消化不良,而且引发咳喘等疾病。

(5)进食过快或过烫食物。进食过快,狼吞虎咽,由于食物未能充分发挥唾液的消化作用而加重胃的负担,往往形成胃炎或胃溃疡。烫食可灼伤味蕾而造成食欲减退,以及口腔和食道肿瘤。蹲食,由于血液循环障碍,可影响消化吸收,多导致食欲减退,消化功能失调。

(6)饮食不洁。饮食应干净无污染,人吃了被细菌、霉菌、有毒化学物质及各种毒素污染的食物,可引起各种食物中毒。

(7)食物过敏。饮食过敏多由鱼、肉、奶等富含蛋白的食品造成,但也有蔬菜、水果引起过敏的。出现的病症有:过敏性肠胃炎,荨麻疹、支气管哮喘、喉头水肿、湿疹、口腔溃疡及过敏性休克等。为避免食物过敏,应注意日常饮食后出现的异常现象。尤其应注意牛奶、虾、蟹、羊肉、章鱼、蚕蛹、带鱼、黄鱼、泥螺、蘑菇、蚕豆、扁豆、竹笋、雪菜等食物的观察,如有过敏反应就在一定时期内禁食。

3. 关注饮食卫生

饮食卫生小口诀,如图 2-13 所示。

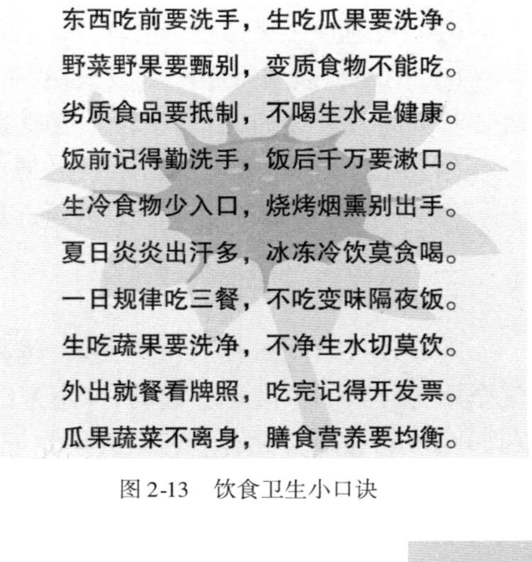

东西吃前要洗手,生吃瓜果要洗净。
野菜野果要甄别,变质食物不能吃。
劣质食品要抵制,不喝生水是健康。
饭前记得勤洗手,饭后千万要漱口。
生冷食物少入口,烧烤烟熏别出手。
夏日炎炎出汗多,冰冻冷饮莫贪喝。
一日规律吃三餐,不吃变味隔夜饭。
生吃蔬果要洗净,不净生水切莫饮。
外出就餐看牌照,吃完记得开发票。
瓜果蔬菜不离身,膳食营养要均衡。

图 2-13 饮食卫生小口诀

二、食物中毒的预防及救护

食物中毒是指食用了不利于人体健康的食品而导致的急性中毒性疾病，通常都是在不知情的情况下发生的，如图2-14所示。食物中毒是由于进食被细菌及其毒素污染的食物，或摄食含有毒素的动植物如毒蕈、河豚等引起的急性中毒性疾病。

图2-14 食物中毒

1. 校园食物中毒常见类型

食物中毒分为细菌性食物中毒、化学性食物中毒、有毒动植物中毒、真菌毒素食物中毒。

2. 食物中毒的症状体征

虽然食物中毒的原因不同，症状各异，但一般都具有如下流行病学和临床特征：

(1)潜伏期短，一般由几分钟到几小时，食入"有毒食物"后于短时间内几乎同时出现一批病人，来势凶猛，很快形成高峰，呈爆发流行。

(2)病人临床表现相似，且多以急性胃肠道症状为主。

(3)发病与食入食物有关，病人在近期同一段时间内都食用过同一种"有毒食物"，发病范围与食物分布呈一致性，不食者不发病，停止食用该种食物后很快不再有新病例。

(4)一般人与人之间不传染，发病曲线呈骤升骤降的趋势，没有传染病流行时发病曲线的余波。

(5)有明显的季节性，夏秋季多发生细菌性和有毒动植物食物中毒；冬春季多发生肉毒中毒和亚硝酸盐中毒等。

3. 食物中毒的急救

1)催吐

神志清醒者，用筷子、勺把或手指刺激咽喉部引起呕吐，尽快将中毒病人送往就近医院诊治。

2)处理食物中毒人员注意事项

(1)为了防止呕吐物堵塞气道而引起窒息，应让中毒者侧卧，这样才能便于吐出。

(2)在呕吐中，不要让病人喝水或者吃食物，但在呕吐停止后马上要给病人补充水分。

(3)用塑料袋留好呕吐物或大便，带着去医院检查，有助于诊断。如果腹痛剧烈，可取仰卧姿势并将双膝变曲，有助于缓解腹肌紧张。

(4)当出现脸色发青、冒冷汗、脉搏虚弱时，要马上送医院，谨防休克症状。

(5)不要轻易地给病人服止泻药，以免贻误病情。

三、科学安全用药

随着现代医药科技的快速发展，越来越多、各式各样的药品走进了百姓生活，但由于不安全用药导致的事故逐年递增，如不遵医嘱不按说明书盲目用药等，这些看似微不足道的用药误区可能会损害健康。药品的质量安全直接关系到人们的健康和生命。每个人，一生之中，都会不同程度地接触使用药品，如何安全用药已成为每个人都必须关注的问题，如

图 2-15所示。

1. 购买药品的基本常识

1）到药店购买药品的注意事项

（1）要到合法的药店买药。

（2）如果知道买哪种药可直接说出药品名称，如果不知道应该买哪种药，请向店内的药师，说明自己买药的目的，给谁买，治疗什么病。

（3）购买处方药时，必须要凭医生处方才可购买和使用。药店一般不会随意卖给客户处方药。

图 2-15　用药安全

（4）购买非处方药时应对患者的病情有明确的了解，如曾用过什么药品，用药的效果如何，有无过敏史。

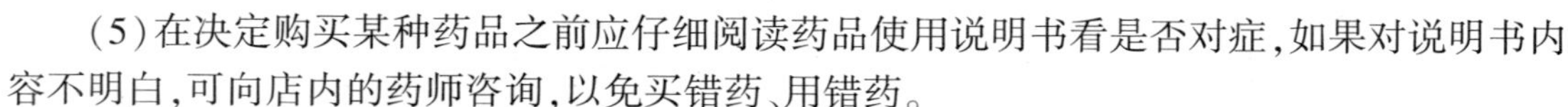

（5）在决定购买某种药品之前应仔细阅读药品使用说明书看是否对症，如果对说明书内容不明白，可向店内的药师咨询，以免买错药、用错药。

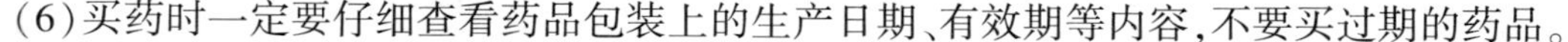

（6）买药时一定要仔细查看药品包装上的生产日期、有效期等内容，不要买过期的药品。

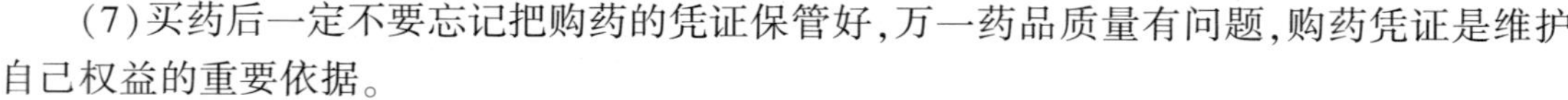

（7）买药后一定不要忘记把购药的凭证保管好，万一药品质量有问题，购药凭证是维护自己权益的重要依据。

2）阅读药品说明书

法律规定，药品包装必须按规定印有或者贴有标签，并附有说明书。药品的使用说明书一般包括对这个药品各方面的简单介绍，患者服用前应该认真阅读，特别要认真阅读其中有关本药品适应症、禁忌症、用法用量、不良反应、药物相互作用、注意事项等方面的介绍，服用药品一定要遵守说明书的规定。

说明书上列出了用药方法，如肌肉注射、静脉注射、每天用药剂量和次数等，遵照医嘱一定不要弄错，如图 2-16 所示。一次用药的剂量是指大多数人的安全有效剂量，有些人，因为个体差异对药品的作用特别敏感，很低的剂量就可能出现不良反应。这种情况在药品上市前不一定能发现，所以用药前不仅要认真地阅读说明书，按说明书的规定服用，还要经常留心药品的不良反应。

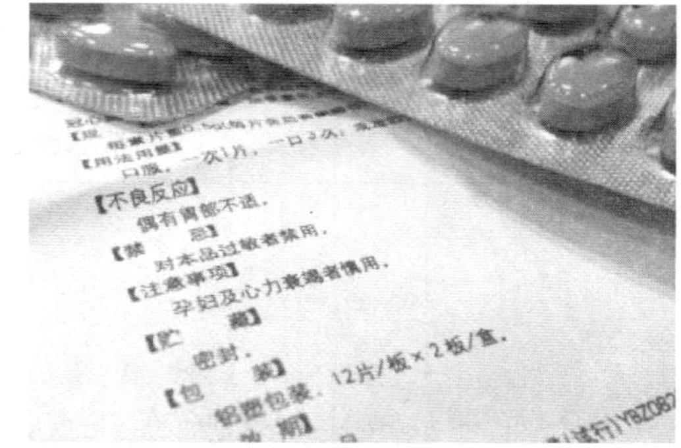

图 2-16　药品说明书

3）伪劣药品的识别

判断药品是否为伪劣药品的方法，见表 2-1。

伪劣药品的识别　　表 2-1

判断方式	判断内容	图　　示
看标签	购买整瓶、整盒的药品。首先看标签印刷是否正规、项目是否齐全。国家规定药品的标签,必须印有注册商标、批准文号、药品名称、产品批号、生产企业,其中商标和批准文号尤为重要。如果没有或印刷的不规范,即可视为假药	
看药品	无论针、片、丸、粉和水、酊剂以及药材,凡见有发霉、潮解、结块或有异臭、异味;片剂色泽不一致,即可视为劣药。标签上都印有有效期,凡超过有效期的药品,也可视为劣药	
看药的真假	地摊药贩以及"卖艺人"。这些人为了赚钱,大都信口开河,或说"奉送"或说"无效退款"等,实则他们在欺骗人,卖的是假药。街头墙上张贴的广告,吹嘘所谓"祖传秘方"的药,基本上都是假药,求神弄鬼"讨来的"药不需鉴别,都是假药	

2. 科学用药的注意事项

1)服药前后的注意事项

服药前后的注意事项,见表 2-2。

服药前后的注意事项　　表 2-2

注意事项	原　　因	图　　示
(1)服药之后不能马上睡觉	服完药马上就睡觉,特别是饮水量少的时候,往往会使药物粘在食管上,而不易进入胃中。有些药物腐蚀性较强,在食道溶解后,会腐蚀食道黏膜,导致食道溃疡	

续上表

注意事项	原　因	图　示
(2)服药之后不能马上运动	因为药物使用后一般需要30～60min才能被肠胃溶解吸收、发挥作用	
(3)服药前后少食水果	蔬菜和水果中含有一些化合物和生物酶。这些物质可以和药物发生化学反应,使药物作用发生改变。一些水果与抗生素相互反应,使抗生素的疗效大大下降	
(4)用药吃醋要坏事	服用某些药物时必须禁忌食醋,如服用红霉素、螺旋霉素、链霉素、庆大霉素等药物时吃醋,会使这些抗生素在酸性条件下,容易在肾脏结晶,损坏肾小管	
(5)服药勿饮酒	酒中含有的酒精(乙醇),可以与多种药物发生反应,会降低药效或增加药物的毒副作用,服药时一定不要用酒来送物,在服药前后也不能饮酒,一般服药后一周内不能饮酒	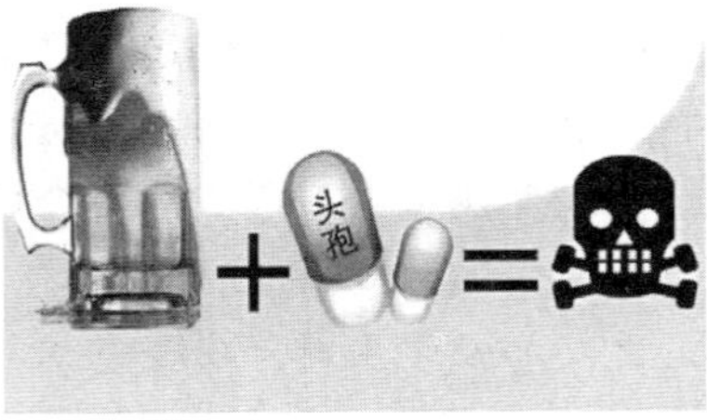 头孢

2)发生药品不良反应的应对措施

药品不良反应是指合格药品在正常用法用量下出现的与用药目的无关的、有害的和意料之外的反应,不包括无意或故意超剂量用药引起的反应及用药不当引起的反应。

图 2-17　毒副作用

在现实生活中,药品不良反应的发生率是相当高的,特别是长期使用或用药量较大时情况更为严重,甚至出现严重的毒副作用。严格地讲,几乎所有药物在一定条件下都可能引起不良反应,如图 2-17 所示。但是,只要合理用药,就能避免或使其危害降低到最低限度。

如发生药品不良反应的症状,首先要停止继续服用,并向医生咨询。可疑症状如确属药品不良反应,今后应慎重服用该种药品,如果不良反应十分严重,应避免再服用同样的药物。如果不良反应已发生且非常严重,应该去医院就诊治疗,及时使用有助于药物从体内排出、保护有关脏器功能的其他药品。根据《国家药品不良反应监测管理办法(试行)》的规定,个人发现药品的可疑不良反应,可以向各级食品药品监督管理局药品不良反应监控中心报告。

模块 3　财产安全防范

学习目标

完成本模块学习后,你应能:

1. 掌握校园盗窃案件的主要特点及校园盗窃作案人的主要伎俩;
2. 掌握校园盗窃案件的防范措施;盗窃案件发生后,会采取应对方法。

建议课时

2 课时。

典型案例

2015 年 3 月 9 日 18 时 30 分许,黄岛区某职业院校学生王某某报警,称在学校宿舍内约 1000 余元的现金被盗。经民警现场了解,王某某离开宿舍时随手将装有 1000 余元现金的钱包放在床上,忘记锁宿舍门就离开,回来时发现财物被盗。经过开发区警方调查,于 3 月 12 日抓获犯罪嫌疑人李某。经审查,李某利用下午学生上课时间偷偷溜进校园,发现王某某所在的宿舍门未关后潜入盗走现金 1000 余元。

针对当前普遍存在的中职学生财产安全意识薄弱、轻信他人、财物保护观念差的现象,更要加强学生财产安全意识教育,提高学生自我防范意识和能力。

随着经济的不断发展,中职学生手中的零用钱越来越多,手机、数码相机、ipad、笔记本式计算机等一应俱全，这就容易被社会上不法分子盯上。一些学生又不按规定保管财物，使犯罪分子作案易于得手。预防和打击校园盗窃是每个在校学生应尽的责任和义务。

盗窃是校园的多发性案件，盗窃行为既是令师生深恶痛绝的违法犯罪行为，也是需要学生正视和规避的行为，如图2-18所示。根据《中华人民共和国刑法》第264条的规定，盗窃罪是指以非法占有为目的，秘密窃取公私财物数额较大(500～2000元以上)或者多次盗窃、入户盗窃、携带凶器盗窃、扒窃公私财物的行为。盗窃数额较小的行为按照治安案件的偷窃案件查处。为了保护好个人财物，我们有必要了解小偷常用的盗窃手段以及盗窃行为多发的时间、地点，做好日常防盗工作。

图2-18　宿舍失窃

一、校园盗窃案件的主要特点

1. 时间和地点上的选择性

校园生活比较有规律，一些频发的盗窃案会有较为集中的时间段和地点。在时间方面，比如学生开学之初、学生上课时间或者学校举办大型活动的时候。另外，学校盗窃案的多发地点也较为集中，比如宿舍、篮球场、图书馆等公共场所。

2. 作案上的连续性

盗窃成功之后，作案分子往往产生侥幸心理，加之报案的滞后和破案的延迟，作案分子极易屡屡作案而形成一定的连续性。

3. 作案手段多种多样

盗窃分子往往针对不同环境和地点，选择对自己较为有利的作案手段，以获得更大的利益。常见的有顺手牵羊、乘虚而入、窗外钓鱼(用铁丝等工具)、翻窗入室(利用房屋水管等设施条件)、撬门扭锁和盗取密码(常见于内盗案件)。

4. 内盗案件不容忽视

校园盗窃案件特别是内盗案件中，作案人的盗窃目标比较明确。由于同学们每天都生活在一起，非常熟悉，加之部分同学缺少防范意识，贵重物品保管不利，使得作案分子内盗时屡屡得手，因此，我们一定要养成随手关好门窗的习惯，不给犯罪分子机会。

5. 动机上的复杂性

常见的有追求享乐摆阔气、经济透支无来源、寻求报复泄私愤、心理扭曲变态狂(患有盗窃成瘾症，偷盗只是为了得到心理上的满足)。

二、校园盗窃作案人的主要伎俩

盗窃分子进入室内作案的主要目标是现金，其次是手机、iPad、计算机、照相机等高价值又方便携带的物品，再次是价值较高的衣物。盗窃分子一旦被发现以后，其常见脱身伎俩，见表2-3。

盗窃分子常见脱身伎俩 表2-3

惯用伎俩	说　　明	图　　示
骗	推说是找人，蒙混过关，多发生在新生报到或学生开学或放假时期	
逃	趁只有一两个人发现，还未曾对其形成合围之势，立即逃之夭夭，多发生在学校举办大型活动或上课期间	
混	有些作案分子因深入宿舍偷盗，一时逃不出来，往往是先逃出发现者的视线，躲藏在厕所、阳台、楼梯拐角等处，然后从容离去，多发生在学生下课或大量学生返回期间	
求	装出一副可怜模样，哀求私了放过他(她)	
凶	铤而走险，掏出凶器相威胁，这类情况虽不经常发生，但同学们对这一招应有必要的思想准备，避免发生意外	

三、校园盗窃案件的防范措施

1. 居安思危，提高自我防范意识

一般防盗的基本方法是人防、物防和技防。其中“人防”是预防和制止盗窃犯罪可靠有效的方法。对于中职学生而言，一是对于大额现金不要随意放在身边，应就近存入银行，银行卡和身份证要分开存放，最好不将自己的生日、手机号码等作为自己的银行密码。二是对贵重物品，如手机等随身携带，以防顺手牵羊者盗走。三是不要怕麻烦，随手关窗锁门。四是相互关照，勤查勤问，对陌生人要多留一个心眼。五是积极参与安全值班，共同维护集体利益。

2. 遵守学校宿舍等相关管理规定

为营造一个安全的学习生活环境，学校各场所都会制定相关的管理规定来规范大家的日常行为。一是不随意留宿他人，对于可疑人员要认真询问，并及时向宿管人员反映。二是爱护公共财物，保证门窗设施完好无损。三是出门随手关闭门窗，不能为图省事，把钥匙放在门上，给不法之徒提供了盗窃的机会。

3. 提高修养，养成良好生活习惯

根据有关调查研究表明，盗窃分子盗窃欲望的产生在许多情况下一般是受到盗窃目标的诱惑与刺激，加上我们日常生活中的不良习惯给盗窃作案分子提供了机会。如大额现金有意无意在人面前张扬，价值贵重的手机任意放置等，如图 2-19 所示。

图 2-19　手机丢失

四、发生盗窃案件后的应对方法

1. 保护现场，及时报案

一旦发生被盗案件以后，应迅速组织在场人员保护好现场，并及时向学校保卫部门报告，不得先翻动、查看自己丢了什么东西，否则将现场有关的痕迹物证破坏了，不利于调查取证。

2. 发现可疑人员，及时控制

如果自己发现可疑人员，一定要沉着冷静，应主动上前询问，一旦发现其回答有疑问，要设法将其稳住，必要时组织学生围堵，及时向有关部门报告，防范盗贼狗急跳墙，伤及学生。在当场无法抓获盗贼的情况下，应记住盗贼的特征，包括年龄、性别、身高、胖瘦、相貌、衣着、口音等，以便向公安部门提供破案线索。

图 2-20　银行卡被盗

3. 及时报失，配合调查

如发现银行卡被盗(图 2-20)，应当尽快到银行或打电话挂失。知情人员应当积极配合公安保卫部门的调查取证工作，采取“事不关己、高高挂起”的态度以及怕别人打击报复、影响同学的关系等，都会给侦查破案工作带来困难，也贻误了破案的最好时机，使犯罪分子逍遥法外。

模块4 火灾安全防范

学习目标

完成本模块学习后，你应能：

1. 掌握校园火灾的基本类型；
2. 掌握火灾的防范，会扑救初期火灾。

建议课时

2课时。

典型案例

2014年1月12日上午9时许，某中专学校的男生宿舍楼发生了火灾。经学院调查，这场火灾是由烟头引起的。该宿舍的一名男同学7:40起床后点燃一支烟，吸了一半，发现上课时间快到了，便匆忙把吸了一半的烟头放在床头的架子上，去卫生间洗漱后，关门就去上课了，结果烟头掉在被子上，将其引燃发生了火灾。

吹风机引起的火灾：某日早晨，王某洗完头在宿舍里偷偷用吹风机吹头发，就在即将吹完的时候，吹风机里突然冒出火星，被火星吓了一跳的王某随手将吹风机扔出。不料，火星溅到了临床的床单上，随即床单着起火来。此时，手足无措的王某跑到阳台用水盆接满水，径直向火焰处泼去。结果，插线板进了水，眨眼之间王某因为触电倒在地上，昏迷不醒。

俗话说："水火无情"。火在给人类带来方便和好处的同时，也给人们的生命安全和财产安全带来了不可估量的损失和危害，火作为"隐形杀手"的危险面目无处不在，不容小觑。

中职校园由于人口密集，为火灾的潜伏创造了条件，成为火灾频发的重要场所。火灾不仅会破坏学校的各项设施，给学校带来财产损失，而且会波及人的安全，甚至会吞噬生命。面对火灾，如何进行自我保护，又如何预防火灾的发生，是学校必须高度重视的问题，也是需要每个中职学生身体力行的一件大事。

一、校园火灾的基本类型

校园火灾从发生的原因上可分为生活火灾、电气火灾和自然现象火灾。

1. 生活火灾

生活火灾通常是指由生活用火引起的火灾。部分学生缺乏必要的消防安全知识，违章用火，主要有：在宿舍内违章乱设燃气、燃油、电器火源；火源位置接近可燃物；乱拉电源线路，电线穿梭于可燃物中间；使用大功率照明设备等。据统计，生活火灾已占校园火灾事故总数的70%以上。

2. 电气火灾

电气火灾通常是指由于电线线路、用电设备、器具及供配电设备出现故障，释放热能而引起的火灾。目前，中职学生拥有大量的电气设备，大到计算机、洗衣机，小到充电器、吹风机，还有违规购置的电热毯、热得快。由于宿舍所设电源插座较少，学生违章乱拉电源线路现象普遍，或不符合安全规范的安装操作致使电源短路、断路、接点接触电阻过大、负荷增大等原因，导致电气火灾的隐患增多，尤其是不合格电器的使用，极易引起火灾，如图 2-21 所示。

图 2-21　电器火灾

3. 自然现象火灾

自然现象火灾基本有两种：一种是雷电，一种是物品的自燃。雷电是大气层运动产生高压静电在行放电，放电电压，有时达到几万伏，释放能量巨大。它产生的电弧可成为引起火灾的直接火源，甚至会摧毁建筑物或毁坏其他设备。自燃是物品自行燃烧的现象，如黄磷、锌粉等燃点低的物质在自然环境下就可燃烧；钾、钠等碱金属遇水即剧烈燃烧；潮湿的柴草、煤泥、沾油的棉纱等大量堆积，经生物作用或氧化作用积聚大量热量，使物质达到自燃点而自行燃烧发生火灾。这种火灾不常见，但也有遇见的可能。需要中职学生对这方面的知识有所了解。

二、如何做好火灾的预防

上到国家下到社区，全社会都认识到了火灾潜在的危险。为了防患于未然，都在大力进行消防安全的宣传，广大中职院校也不例外。现在大多数中职院校，出台了相关的安全管理规定，将火灾防范纳入到了学生安全教育之中，对学生进行针对性的宣传和教育。作为中职学校主体的学生，应该树立正确的消防意识，从我做起，从预防做起，远离火灾。

1. 宿舍火灾预防

学生宿舍是学生学习、生活的重要场所，同时也是因违纪引发事故的“重灾区”。学生要自觉遵守学校的各项宿舍安全管理规定，严格要求自己，预防火灾从宿舍防火开始，具体可以从下述几个方面做起。

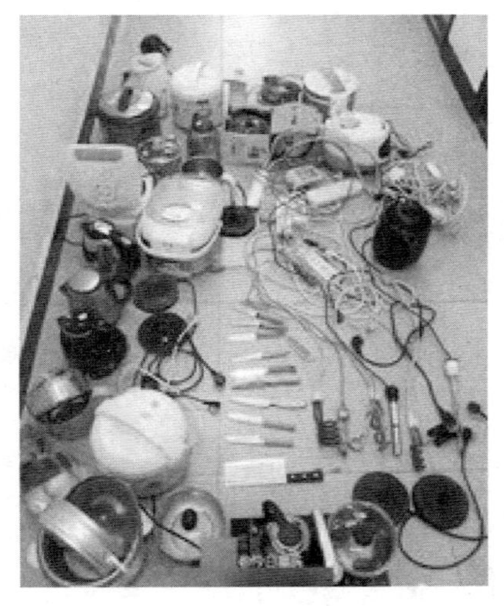
图 2-22　宿舍内禁止使用的电器

(1)不在宿舍内使用大功率电器。电热杯、热得快、电饭煲等大功率电器是多数学校明文规定禁止使用的电器，在宿舍使用这些电器稍有不慎或疏忽就会引起火灾，如图 2-22 所示。

(2)不在宿舍内乱拉电线、乱接电源。有的学生为了自己用电方便，会乱拉电线、乱接电源，容易使电流过载，如果使用的是不合格的电器或老化的电线易引起火灾。

(3)不用湿手触摸电源。不要让电源或电器触水，在洗漱或洗衣服之后，不要用湿手去触摸电源，不要用潮湿的抹布擦拭计算机或开关，电源的插线板不要放在床头

图 2-23　禁止吸烟

或者容易碰到水的地方。

(4)离开宿舍时,熄灯并关闭电器电源。当宿舍无人时,应当关掉电器或电源开关。如果长时间无人或雷雨天气时,也要切断室内电源。

(5)不存放易燃易爆物品。有学生顺手将从实验室带回的酒精放置在床铺下或窗台上,如有滴漏,一个烟头就可能引起火灾或爆炸,如图 2-23 所示。另外,女生常用的化妆品、香水等含有酒精的物品也都需要注意,在使用时勿近明火。

2. 教室与实验室的火灾预防

(1)教室或实验室内的电气设备,如果没有定期维护,电气部件极易老化,在使用过程中稍有疏忽就会引起火灾,危及学生人身安全,因此学生在教室或实验室学习时要注意火灾的预防。

(2)在教室或实验室学习、实验时,要严格遵守安全管理规定、安全操作规程和有关制度,使用仪器设备前,应认真检查电源、管线、火源、辅助仪器设备等,检查放置是否妥当,熟悉正确的实验操作流程,做好准备工作以后,再进行操作。

(3)实验完毕或仪器使用完毕后,要认真进行清理,关闭电源、火源、气源、水源等,还应清除杂物和垃圾。尤其是使用易燃易爆危险品时,更要注意人身安全,涉及使用化学危险品时,要注意防火安全。按照规定,在老师指导下一丝不苟地进行实验,实验后剩下的化学制剂应送至规定的安全地点存放。

3. 其他公共场所的火灾预防

体育馆、会议室、餐厅都属于公共场所,要做好这些场所的火灾预防,学生应该树立安全意识,遵守公共场所的消防安全制度和有关规则,做到不携带汽油、酒精等易燃易爆品去公共场所,不吸烟或随地丢弃烟头火种,不使用明火照明,不随便接触公共场所的电气设备开关,不玩弄电器电线,以免触电或引起短路;遵守公共场所秩序,不随意乱跑。保持安全通道的出入口畅通等。

三、扑救初期火灾

当火灾发生后,首先要做的是寻找身边的灭火器材进行扑救。若火势较大,应设法及时逃离现场,再拨打 119 报警电话。

1. 扑救要及时

任何火灾的发生,都会有一个从小到大的发展过程。在火灾的初期,火焰面积较小,燃烧温度较低,易于扑救,如图 2-24 所示。只要发现及时,采取正确的灭火方法和有效的措施及时扑救,就能将火扑灭或把损失减少到最低。如果电器着火,应先切断电源。

图 2-24　扑救初期火灾

2. 在扑救的过程中要注意防火姿态

火势蔓延时,要用湿毛巾或潮湿衣物掩住口鼻,放低自己的身体,将自己的身体低于烟雾。在逃离火灾的过程中要避免大声呼救,防止有毒烟雾进入并灼伤呼吸道。如果是电器导致发生的火灾,首先要切断电源,防止在救火中触电。

3. 熟悉灭火的基本方法

(1)隔离法。将着火地方的物体,与其周围的可燃物隔离或移开,火势就会因为缺少可燃物而减小,如图 2-25 所示。实际运用时将靠近火源的可燃、易燃、助燃的物品搬走,把着火的物件移到安全的地方。关闭电源、关闭可燃气体和液体管道阀门、终止和减少可燃物质进入燃烧区域。拆除与燃烧着火毗邻的易燃建筑物等。

(2)窒息法。阻止空气流入燃烧区或用不燃烧的物质冲淡空气,使燃烧物得不到足够的氧气而熄灭,如图 2-26 所。实际使用时,用湿棉毯、湿麻袋、湿棉被、湿毛巾、黄沙、泡沫等不燃或难燃烧物质覆盖在燃烧物上面。

图 2-25　隔离法

图 2-26　窒息法

(3)冷却法。将灭火剂直接喷射到燃烧物上以降低燃烧物的温度。当燃烧物的温度降低到该物的燃点以下时燃烧就停止了,或者将灭火剂喷洒在火源附近的可燃物上,使其温度降低,防止因辐射热而起火。冷却法是灭火的主要方法,如图 2-27 所示。

图 2-27　冷却法

(4)抑制法。抑制法是用含氟、溴的化学灭火剂喷向火焰,让灭火剂参与到燃烧反应中去,使游离基链锁(俗称燃烧链)反应中断,达到灭火的目的。

综上所述,这四种基本灭火方法各有所长。灭火时要遵循迅速有效、经济损失小的原则,以及起火物质的性质、部位和当时、当地的具体情况来加以选择。

模块 5　离返校交通安全防范

学习目标

完成本模块学习后，你应能：

1. 了解常见离返校交通安全知识；
2. 掌握离返校交通安全的防范与紧急处理。

建议课时

2 课时。

典型案例

2017 年秋天，在临沂市兰山区，有一个活泼可爱的小男孩，他每天总是高高兴兴上学去，又兴高采烈回家来。他每天多么幸福，多么快乐呀！然而“天有不测风云，人有旦夕祸福。”那天，他在放学回家的路上边走边玩，就在他走在马路中间的时候，有一辆大货车疾驶而来，将他撞倒并从他腿上碾过，顿时血流满地，惨不忍睹。幸运的是，死神与他擦肩而过。车祸让他失去了一条右腿，从此他就依靠一副拐杖行 走在上学、回家的路上。他曾经是多么天真烂漫的孩子呀！然而生活却给他开了个天大的玩笑，那次车祸给他及他的家人带来了天大的灾难，也给他今后的生活带来了极大的不便！多么惨痛的教训呀！

生命犹如一朵美丽的鲜花，如果不懂得珍惜就会早早凋谢；安全犹如一颗光芒四射的太阳，照亮了我们整个人生。同学们，让我们把“交通安全，文明出行”这八个字永驻心间吧，做到自觉遵守交通规则，文明出行，让交通事故永远在我们的生活中消失，让我们的明天充满鲜花，充满阳光。

中职学生所涉及的交通行为比较广泛，在校内及学校周边这些地方的机动车和非机动车密集，学生在闲暇时购物、观光及周末离返校等都要乘坐公交车、汽车和火车等多种交通工具，况且有一些车辆漠视交通规则，这就给学生带来了很大的安全隐患。据有关部门统计，交通安全意识薄弱和自我防范能力较差是学生容易发生交通事故的主要原因。为了确保自身安全，中职学生应从自身主观因素上下功夫，主动学习交通安全知识，增强交通安全意识，自觉遵守交通法规，尽可能地预防和避免交通事故的发生。

一、常见的离、返校交通安全

1. 步行安全

步行是学生最基本、最常见的出行方式，但也正因如此，步行安全往往容易被学生忽视。事实上，在日常生活中，行人发生安全事故的不在少数，有的学生在走路时没有遵守交通法规乱闯红灯;有的学生在路边打闹玩耍,没有看到后面驶来的车辆……很多看起来是平常的小事,往往都酿成交通事故。为了避免意外发生,中职学生需要特别注意日常生活中的步行安全,如图2-28所示。

图2-28　安全过马路

2. 骑车安全

骑自行车(含电动自行车)离返校对于学生来讲是非常普遍的交通方式,特别是占地面积比较大的学校,很多人会选择骑自行车,如图2-29所示。因此,关于骑自行车的安全常识学生也必须掌握。

过马路口诀

过马路左右瞧,大家要走人行横道。
马路若无斑马线,直行通过勿打闹。

图2-29　骑车安全

(1)对于没有车闸或没有安全保证的自行车,不能骑行上路。

(2)学生要选择在非机动车道上骑车,不能在人行道、机动车道上骑车,在路上要靠右骑行。

(3)当走到较大陡坡或横穿四条以上机动车道时应当推车行走,遇到雨、雪、雾等天气要慢速骑车,当路面结冰时要推车慢行。

(4)骑车在转弯时要提前减速慢行,向后瞭望,伸手示意,不要突然猛拐。

(5)超越前方自行车时,不要与被超自行车靠得太近,速度不要过猛,不得妨碍被超自行车的正常行驶。

(6)骑车过程中不准单手骑车,不得戴耳机听音乐,不能紧随在机动车后面骑行,不能手扶机动车行驶。

(7)不得双手离开车把,不得曲折骑车,自行车并行时,两人不可相互扶身并行,相互追

逐玩耍。

安全乘车，珍爱生命。
保护自我，关爱他人。
人人争当安全小卫士!

图 2-30 乘车安全

3. 乘车安全

乘车是学校组织师生外出活动、学生离校、返校的主要交通方式之一，也是多数学生出行经常选择的交通方式。无论是乘坐公交车还是乘坐长途汽车，安全对于学生来说都不能忽视，如图 2-30 所示。

(1) 如果是学校组织的学生集体外出活动，学校有义务为学生选择具有正规手续的营运车辆，尤其要确认驾驶员的准驾资格。如果学校发现驾驶员患有影响安全行车的疾病，或过度疲劳、无证驾驶、饮酒开车的，不能选择乘坐此车。

(2) 如果是学生个人在机动车道上等候车辆或呼叫出租车，应该在站台上或指定地点依次候车，待车停稳时，再按顺序先下后上。不能携带易燃、易爆等危险品上车。上车后，应先找座位坐好，没有座位时，要抓牢把手站稳；乘坐小型客车时，前排座的学生要系好安全带。

(3) 在车辆行驶中，不能与驾驶员闲谈或妨碍驾驶员驾驶。不随意开启车门，不能将身体的任何部位伸出车外，不向车外抛投物品。不在车内随意走动、打闹。

(4) 车到站后，下车不得拥挤，在机动车道上不得从机动车左侧下车；下车后，横穿机动车道时，应在确定没有车辆过往时，从车尾部穿行，切不可从车头部贸然通过。当车发生故障或交通事故须在机动车道停车时，除救险外，乘车人须迅速离开车辆和机动车道。

(5) 如果选择乘坐长途汽车，上车后将行李物品安置好，以防途中散落伤人。中途停车休息和用餐时关好车窗，记明车牌号，按时上车。如果在中途搭车时要注意等车辆停稳后再上下车，不要乘坐超载、超员车辆，也不要乘坐人货同载的汽车。

4. 乘坐火车的注意事项

检查好自己的火车票，按照车票上的车厢、车位寻找自己的位置。进入车厢后，找到自己的位置安置好行李物品（图 2-31），不在车厢内穿行打闹或长时间滞留在车厢连接处。中途站点停车，下车购物或休息时注意携带好随身物品，准时上车。了解列车运行时间，注意进站播报，提前准备好自己的行李物品，待列车停稳后有序下车。

图 2-31 火车上物品安全

交通安全顺口溜

交通安全最重要，事故不分老和少。
乘车安全要注意，遵守秩序要排队；手头不能伸窗外，扶紧把手莫忘记。

乘车系好安全带，平安出行安全在；站得稳步坐得好，紧急刹车危险少。

出家门，路边走，交通法规要遵守；过马路，仔细瞧，确认安全才通行；红灯停，绿灯行，交通信号要看清。

隔离护栏不翻爬，发生事故受伤害；候车要在站台上，骑车不进汽车道。

过街要走横道线，或走天桥地下道；走路要走人行道，不在路上嬉戏闹。

黑车货车不能上，人身安全没保障；交通法规是个宝，走路行车要记牢；生命人人都珍惜，安全健康最重要。

骑单车，看标志，切勿闯入汽车道；不带人，不超载，安全骑车不图快；

开车之前想一想，交通法规记心上；交叉路口想一想，一看二慢三不抢；会车之前想一想，礼让三先显风尚；超车之前想一想，没有把握不勉强。

行走应走人行道，没有行道往右靠，天桥地道横行道，横穿马路不能做。

学交法，守交规，平安出行最安心。

一慢二看三通过，莫与车辆去抢道。骑车更要守规则，不能心急闯红灯。

雨天大雾想一想，打开雾灯车速降；夜间行车想一想，注意标志和灯光；长途驾驶想一想，劳逸结合不能忘。

二、交通事故预防及处理

交通事故的预防不仅是对自己生命负责，也是对他人生命负责。了解交通安全事故的预防知识，学会事故处理的方法，是中职学生必须具备的交通安全常识。

1. 交通事故的预防方法

(1)首先要提高安全意识，自觉遵守交通法律法规。比如在道路上行走时，要走人行道。走路要集中精力，骑车时不与机动车抢道；乘坐公共交通工具时要等车停稳后，依次上车，不挤不抢。车辆行驶中不得把身体伸出窗外等，如图2-32所示。

(2)尽可能多选择安全、舒适的交通工具。交通工具的选择非常重要，不能因为节省费用而选择性能安全监测不过关的车辆，否则交通事故率肯定增加。而且因性能问题造成舒适性下降、延误行程或大量消耗体力，给后面的活动也会埋下各种隐患，比如选择拉货车、蹦蹦车、三轮车等安全措施较差的交通工具。

图2-32　身体不能探出车窗

2. 交通事故的处理措施

(1)当事故发生后，首先要保持冷静，然后再想办法及时报案或帮助受害者逃离危险现场。无论在校外还是在校内，一旦发生交通事故，学生首先应及时报案，这有利于事故的公正处理，千万不能与肇事者“私了”。若在校外发生交通事故，除及时报案外，还应该及时与学校取得联系，由学校出面处理有关事宜。当然，这些都要在没有人员伤亡的前提下进行。若是有人员伤亡，最重要的则是拨打急救电话，然后再报案，并与老师取得联系。

(2)发生交通事故后要保护好事故现场。事故现场的勘查结论是划分事故责任的依据之一,若事故现场没有保护好,则会给交通事故的处理带来困难,造成“有理说不清”的情况。如果是肇事交通事故,要想方设法控制肇事者,自己不能控制可以发动周围的人帮忙控制,若实在无法控制也要记住肇事车辆的车牌号和肇事者的体貌特征。

(3)一旦发生交通事故,在相关急救人员到达现场前,要掌握一定的急救原则。先要保持镇定、头脑清醒,检查伤员是否拥有正常呼吸。就近是否有医疗室,如果有,要火速护送伤员到医院治疗。要熟悉止血、保持呼吸畅通,抗休克的基本措施,不消极等待,要想尽一切办法充分利用身边的器材赢得救援时间。

第三单元　学习及网络活动安全防范

中职学生的学习生活丰富多彩，要参与体育课及各项体育活动，增强体质，锻炼健康的体魄；要参加第二课堂活动，提高个人修养和综合素质；按时参加校内、外实训课，提高自己的实际操作能力；要借助网络进行线上学习、查询资料，丰富自己的知识面……但是一些不安全因素也蕴含其中，影响学生正常的学习生活。

模块1　体育活动安全防范

学习目标

完成本模块学习后，你应能：

1. 掌握运动前的准备、运动中的注意事项、运动后的行为调节；
2. 掌握体育活动意外事故的应对方法。

建议课时

2课时。

典型案例

14级幼教班上山羊课中，一学生未认真听讲，未按要求做好双脚踏跳及时推手，做成单脚踏跳没有推手，在空中重心失去平衡，加之保护方法不到位，导致摔在垫子上脸部擦伤。

13级幼教一名女生在体育课进行前滚翻练习时，裤兜中装有的钩针扎入小腹，造成重伤。经查，该体育教师课前未对学生上课的装束、携带物品等做过必要的要求和提醒。

14级幼教班王某，上体育课的时候老师要求做前滚翻，但是该生胆子小不敢做，体育老师就帮着该生翻了一下，结果致使该生颈椎错位。

人们进行体育运动的目的是为了锻炼意志、提高体能、增进健康。如果在体育运动中没有选择安全的运动环境，合理安排运动负荷就可能导致运动损伤。因此，必须做好安全防范工作，这样才能较好地实现体育运动的目标。

体育运动中的安全防范主要体现在运动前的准备、运动中的注意事项和运动后的行为调节等方面。

一、运动前的准备

为了能够更快地投入到体育课之中,能够安全上课,学生有必要做好课前准备。比如,选择适合上课的服装、器材。同时,要听从老师指导做好热身活动。

1. 做好上课的准备工作

上课之前,学生们首先要做好物质方面的准备,选择合适的运动服装、鞋袜、水及相关的防护器材。在穿衣的过程中,要摘除掉身上的金属饰物、胸针、校徽等,衣服口袋里尽量不装钥匙、小刀等坚硬、尖锐锋利的物品,头上的饰物也最好摘掉,以防自己被划伤或碰伤。

其次,学生要熟悉运动场地及运动中需要注意的安全问题。不同内容的运动可能会引发不同的问题,这时要特别留意此项运动所规定的安全事项和需要注意的安全问题。单双杠和跳高训练,器械下面必须准备好厚度符合要求的垫子,如果直接跳到坚硬的地面上,会伤及腿部关节或后脑;在做跳马或跳箱等跨越训练时,器械后要有保护垫,老师或同学要在旁边保护;参加篮球、足球项目训练时,要遵守竞赛规则,不然极易在争抢激烈的运动中伤害自己或他人。

2. 做好课前的热身活动

在体育课开始前,学生要听从老师指导做好课前的热身活动,如图3-1所示。如果老师没有要求,自己可以主动在开始前先做几分钟的热身运动,尤其是冬季,寒冷的天气容易导致人体的血管收缩,肌肉的耐力和灵活性都会下降,热身活动就显得尤为重要。热身不但能给大脑以刺激,让身体为正式运动做好准备。热身还可以避免运动中突然用力而拉伤肌肉。如果是冬天上课,活动的时间则可适当延长一些,一定不能在不做准备的状态下就急于进行锻炼或参与运动。

图3-1 热身活动

二、运动中的注意事项

1. 控制运动负荷

体育课的运动量大小与练习的数量、动作质量、时间、强度、密度等因素有关。影响体育教学中运动负荷的主要因素有：

(1)运动强度。运动强度指的是单位时间内完成的体育练习所用的力量大小和个体的紧张程度，运动速度和所负质量是影响运动强度的两个主要因素。跑跳项目是体育教学中运动强度比较大的教学内容，在教学时，教师要注重对这方面教学的调整。

(2)运动时间。运动时间指的是一次体育活动的总时长或每个间歇练习的时长。在合理的运动强度和密度条件下，运动时间是影响运动负荷的重要因素，也就是说运动练习时间越长，运动负荷越大。

(3)练习密度。练习密度指的是运动的频率，反映的是运动负荷中的时间和数量的关系，练习密度与运动负荷成正比关系；除此之外，运动负荷还与教师的教学方式、教学内容、教学评价，学生的个人身心素质有关。

2. 教学方法、组织管理设计要科学合理

科学合理的教学方法及课堂组织教学是防止安全事故的重要手段。在体育教学活动中，我们要认识到，教学方法不好不仅会使学生积极性不高、注意力不易集中，同样也会引起意外事故。课堂组织教学的好坏也是预防安全的有效手段，如徒手练习时学生不能站得太挤，器械练习时要反复强调器械的安全使用步骤后才能组织学生使用和练习，从而保证教学练习安全、有序进行。对易发生的安全事故要有预见性并能加以防范，如练习跳时下肢的肌肉群和膝、踝关节容易损伤，练习投掷时腰部、肩部及手指手腕易受损等，因此，需要根据动作技术要求重点，做好针对性的准备活动。

3. 加强保护帮助

保护与帮助可分为自我保护、他人保护和利用外物保护三类。自我保护是指学生针对自我的运动保护，这是人的本能行为，很多动物都具有很强的自我保护功能。他人保护是指学生利用教师或同伴对自己处于运动中的身体进行保护。他人保护首先是教师的保护，其次在教师的要求下，“他人保护”又是同伴之间的保护。他人保护的方法很多，如接、拉、抱、挡、拔等。其目的是改变练习者的动作方向与受力程度。利用外物的保护则是在学生练习中充分利用外部资源进行保护，其方法有运用海绵垫、海绵包、护具等。其主要的目的是依靠外物缓冲外力对身体的冲击，并消除畏惧心理。

4. 注意运动间歇合理补充物质

无论是室内或是户外运动，身体除了需要固态的食品外，水分的补充也很重要。因此，补水方案不能忽视。

水：运动过程中，水的喝法大有讲究。一般而言，运动补充水分应该分成运动前、运动中和运动后补充。

牛奶：牛奶的营养成分很高，可以补充钙质。有关研究表明，喝牛奶同时配合运动，才能最有效地补充钙质。高蛋白可以更好地维持人体正常的新陈代谢和各类物质在人体内的吸收和传输，增强人体免疫力，保持体内的酸碱平衡和水分的充足。

功能性饮料：功能性饮料在健身人群中颇受青睐，它能补充人体运动时丢失的营养，起到保持、提高运动能力的效果，如图 3-2 所示。饮用功能性饮料的最佳时间是运动后的恢复期、运动前没有补充食物时以及当运动时间超过 30min 时。

三、运动后的行为调节

运动后立即停止肌肉活动会造成四肢瘀血，脑部和其他脏器因回血量减少而无法获得心脏送去的血液，导致头晕、乏力，甚至晕厥。放松行为可以促进血液循环，因此，放松是保证运动后躯体和内脏平衡的重要措施。

运动后的放松同运动前的热身一样重要，良好的肌肉放松可以减少运动疲劳，提高运动员的训练效果，减轻肌肉酸痛感和乳酸堆积，调整内脏器官和心理的紧张状态，如图 3-3 所示。

图 3-2 功能性饮料

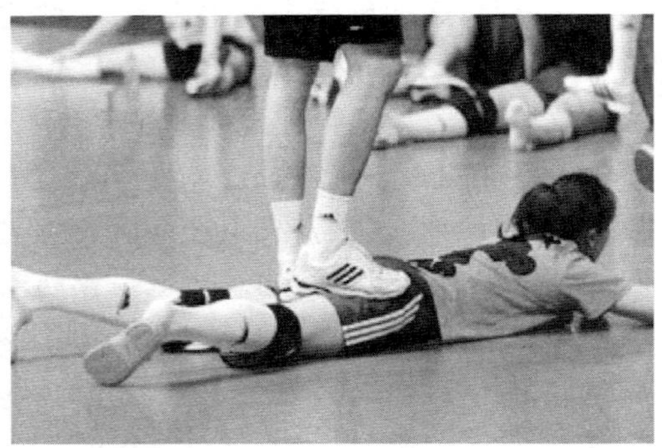

图 3-3 肌肉放松

四、掌握意外事故的应对方法

体育运动中，身体有时会发生不同程度的损伤，如关节扭伤、脱臼、心脏骤停、中暑等。当事故发生时，要做好意外应对工作，快速降低事故伤害的程度。

（1）保持冷静，不惊慌失措，及时向老师求救，或按照平日所学的救护知识及时进行急救。

（2）如果有学生出现大量出血和休克现象，要根据出血的部位采取相应的止血办法进行止血和抗休克。

（3）如果心脏骤停，可先让学生仰卧在原地，开放呼吸道，立即对其进行心肺复苏抢救，同时尽快通知校医或拨打 120 求助。

（4）在运动过程中，有学生发生中暑时，可先把病人抬到阴凉的地方，解开其衣扣和腰带，把上身垫高，用凉水浸湿的毛巾敷头部及擦拭身体。当病人神志比较清醒时，可为其饮用凉水、糖水、盐水、苏打水等缓解中暑症状。

（5）在伤势不明又不知道该如何处理的情况下，先向周围有经验的人求助，同时按就近原则就医或拨打 120 求助。

模块2　第二课堂活动安全防范

学习目标

完成本模块学习后,你应能:

1. 认识第二课堂活动的注意事项;
2. 防范第二课堂活动发生意外及冲突。

建议课时

2课时。

典型案例

2007年1月8日下午,晋城市某职业技术学院一名16岁的男生(2006级化工班学生)在擦教室玻璃时,不慎从3楼失足坠落,经抢救无效死亡。当日16时13分许,学校组织学生打扫卫生,16岁的男生张某在擦玻璃时,从3楼教室窗台上掉下,当场昏迷,后被送往医院抢救。1月9日3时许张某因医治无效死亡。这是一起典型的无防护措施导致的学生意外坠楼事件。希望广大师生能从中汲取教训。

2006年11月18日20时30分许,江西省某中学初一学生在上完晚自习后下楼时,发生拥挤踏踩事故,造成7名学生受重伤,其中6人在送往医院抢救途中死亡,1人仍在全力救治中,另有38名学生因受惊吓及轻度受伤送医院观察治疗,给学生人身带来巨大伤害,在社会上造成恶劣影响。同学们应引起高度警惕,时刻注意安全。

第二课堂是相对课堂教学而言的,指课堂教学以外对学生进行教育和训练的各种活动。从教学内容上看,它源于教材又不限于教材;它无需考试,但又是素质教育不可缺少的部分。从形式上看,它生动活泼、丰富多彩。它的学习空间范围非常广:可以在教室,也可以在操场。

一、第二课堂活动的注意事项

1. 课外体育活动安全防范

学生参加早操、课间活动、课外锻炼等课外体育活动,都要加强安全管理。

(1)组织活动一定要向班主任老师和学校有关负责人报告,并做出活动方案,得到批准后方可进行,不要盲目安排活动。

(2)组织者事先要了解活动前经过的路线具体情况,对学生进行安全教育,明确注意事项,做到安全第一。

(3)参加有身体接触的篮球、足球等剧烈运动时,要有自我保护意识,不能将球乱扔乱踢以免伤及他人,更不能故意伤害他人。

(4)做俯卧撑、仰卧起坐等垫上运动项目时,不打闹,以免发生扭伤。

(5)做单(双)杠、跳高、跳马等跨跃式运动时,要按要求放置垫子,要有安全员站立保护,以防不测。

(6)参加径赛时,要按规定的跑道行进,不能随意串道,以免绊倒他人。

(7)进行铅球、标枪等投掷运动时,要按项目规则及口令进行投掷,以免击伤他人或造成自己受伤。

(8)上游泳课时要严格按照老师的要求和游泳池使用管理规定进行。

(9)进行体育活动,不违反规定使用体育设施。

2. 课间活动安全防范

(1)室外空气新鲜,课间活动应当尽量在室外,但不要远离教室,以免耽误上课。

(2)活动的强度要适度,活动的方式要简便易行,不做剧烈的活动,以保证上课时精神饱满。

(3)不在教室、过道、楼梯内追逐与打闹。

(4)不翻越阳台、窗台、栏杆及从事其他危险性的活动。若发现其他同学有危险性的言行,要及时予以劝阻或报告。

3. 集会活动安全防范

学校集会、会操应以班为单位,指定座位或站队,由班主任等负责,防止学生乱窜,避免意外事故的发生。上下楼时不要拥挤,进出会场要有序,严防踩踏事故的发生。

(1)开展集会活动,要制定安全预案,按照安全预案要求进行。

(2)参加集会和全校性的集体活动,学校应责成专人负责安全工作,在活动场地出入口现场跟踪指挥,发现问题及时制止疏导。

(3)参加集会要服从指挥,按班级有序地入场和退场,不得拥挤起哄。

(4)卫生扫除时,不翻越栏杆、窗台以及不在其他不安全的地方从事卫生扫除活动。

(5)楼上班级卫生工具及其他物品不应向外摆放,以免坠落砸伤行人。

4. 运动会安全防范

运动会的竞赛项目多,持续时间长、运动强度大、参加人数多,安全防范问题十分重要。

图3-4　标枪

(1)要遵守赛场纪律,服从调度指挥,这是确保安全的基本要求。

(2)没有比赛项目的同学不要在赛场中穿行、玩耍,要在指定的地点观看比赛,以免被投掷的铅球、标枪等击中,如图3-4所示。

(3)参加比赛前做好准备活动,以使身体适应比赛。

(4)在临赛前等待的时间里,要注意身体保暖,春秋季节应当在轻便的运动服装外再穿上防寒外衣。

(5)临赛前不可吃得过饱或者过多饮水。临赛前半小时内,可以吃些巧克力,以增加热量。

(6)比赛结束后,不要立即停下来休息,要坚持做好放松活动,例如慢跑等,使心脏逐渐恢复平静。

(7)剧烈运动以后,不要马上大量饮水、吃冷饮,也不要立即洗冷水浴。

5. 报告会、晚会安全防范

中职学生经常会参加各类报告会、文艺会演等大型活动,而该类活动场所人员密集,突发状况较多,更应该掌握必要的安全防范知识。

(1)会场秩序。按照谁组织谁负责的原则,引导学生有序入场,学生进入场后必须按照指定的位置就座,不得拥挤或随意起哄,保持会场的安静,会场内严禁吸烟,确保活动效果。活动开始后,各区域要安排相关负责教师全程参与。

(2)活动设备设施保障。会场应配备灭火器器材,开场前应当告知学生逃生路线,检查应急指示标志和应急疏散灯;专业维修或维护人员应随时检查会场的用电、设备使用情况,相关人员严格按规程操作和使用现场的电气设备和设施。

(3)突发事故的处理。一旦在活动中发生火灾等意外,应组织学生从安全出口有序地退场,组织者和学生注意保持冷静,不得惊慌失措,更不得跳楼;在抢救和组织疏散过程中,必须本着学生优先的原则进行,尤其在危急情况下,组织抢救者必须首先保证学生的安全。一旦发生严重事故,就要立即安排专人向公安、医疗等部门求救,争取使医疗人员和公安人员能在第一时间内赶到,同时,还要即刻向当地政府和上级教育行政部门报告和求援,以便政府和上级部门能及时协调有关部门,争取更大的力量投入救治工作。

二、集体对抗性活动安全防范

学校经常组织集体性的体育活动,如篮球、足球比赛等强度大、对抗性强的集体活动,特别容易意外受伤或因犯规出现言语、肢体冲突事件。

(1)组织人员应对参与者进行安全教育,宣讲"友谊第一,比赛第二,对自己与他人负责"的比赛精神。

(2)比赛过程完全执行裁判判决,尊重裁判,尊重比赛。严禁赛场挑衅,对于故意挑衅或者伤害他方球员的运动员,取消参赛资格。

(3)比赛规则严格按照既定书面规则,比赛判罚有争议的由比赛双方及足球协会指派裁判员协商决定,协定不成的严格按照裁判判决。

三、集体就餐安全防范

餐厅是校园生活的重要场所,营造一个文明有序、温馨的就餐环境,有利于学生的身心发展。由于餐厅就餐时间相对集中,人员密集,餐厅的就餐安全就显得尤为重要。

(1)保持良好的就餐秩序,自觉排队买饭,不插队、乱队,不乱跑动,如图3-5所示。

(2)为了维护自己的财物安全,也为了他人的方便,不用书包等物品占座。

图3-5　文明就餐

(3)根据自己的饭量买饭,爱惜粮食,杜绝浪费,充分发扬中华民族节约粮食的光荣传统。

(4)注意维持桌面卫生,饭后自觉把餐具带到餐具回收处,并随身将自己的垃圾带走。

(5)爱护餐厅公共物品,不乱移餐桌、不乱摔碗筷、不乱涂乱画、不蹬踏桌椅,不把餐具带出。

(6)在餐厅不大声喧哗,不在餐厅内喝酒、抽烟,不做影响他人就餐的事,注意个人形象。

(7)注意饮食卫生,不随意进入厨房,不用有毒有害塑料袋盛饭,用校园卡或专用饭票买饭,不随地吐痰、乱扔餐巾纸或食物残渣。

(8)发现饭菜质量问题,或对餐厅工作人员不满,及时向有关负责人反映,妥善解决,不与工作人员发生正面冲突。

方便他人,就是方便我们自己。餐厅的良好秩序需要大家共同维持,文明就餐,从我做起,您的举手之劳可能会给他人带来极大的帮助,一个舒心的笑容、一个让位的动作、一句真诚的道歉都能让我们感受到生活中的温暖。所有的同学都要积极行动起来,一起努力,共同营造一个安全温馨的就餐氛围。

模块3　实习实训安全防范

学习目标

完成本模块学习后,你应能:

1. 认识校内实训安全防范;
2. 认识校外实训安全防范。

建议课时

2课时。

典型案例

某职校生实习时,因操作对象是台旧车床,且车床皮带轮防护罩缺失,使学生在生产过程中不慎袖子被绞,经医院抢救后右手被截肢。

某校实习生,进入公司实习时,随指导师傅进行拌料操作,拌料过程结束后,带班师傅进入隔壁车间闲聊,留下实习生一人清洁该混合机中的剩余底料,实习生误起动了混合机,左手被卷入而导致残疾。

某校实习生许某,在实习现场,面对从未见过的1000t压砖机,在指导师傅不在场的情况下,开始安装工作,不料推料架突然倒塌,将躲闪不及的许某压个正着。

从以上案例看出,实习生本人操作不当、学校安全防范措施不到位及企业安全管理松懈是导致悲剧发生的原因。

中职学生参与校内、外实训是一个必不可少的环节。大多数职校生还要在企业的生产环境下，参与各种教学及生产实习活动。实习生、学校与企业单位如果忽视安全防范措施，就容易出现事故。

一、校内实训教学安全常识

校内实训教学是中职学校教育教学的重要组成部分，直接关系学校教学质量和学生技能水平。为保证实训教学的正常进行，确保良好的教学质量，学校和学生都要高度重视实训室管理规定、设备设施操作规程、用电安全等，预防安全事故的发生。

实训操作前，每个学生都要熟悉并牢记《实训室安全基本守则》，并认真遵守。

(1)学生实训前，必须按规定穿戴好工作服、做好相应安全保护措施，按规定的时间进入实训室，到达指定的工位，未经同意，不得私自调换，按要求接受安全教育和实训指导。

(2)禁止穿拖鞋、携带食物和饮料等进入实训室，不得让无关人员进入实训室，不得在室内喧哗、打闹、随意走动、乱摸乱动有关电气设备。

(3)室内的任何电气设备，未经验电，一般视为有电，不准用手触及，任何接、拆线都必须切断电源后方可进行。

(4)设备使用前要认真检查，如发现不安全情况，应停止使用并立即报告老师，以便及时采取措施；电气设备安装检修后，须经检验后方可使用。

(5)实践操作时，思想要高度集中，操作内容必须符合教学内容，不准做任何与实训无关的事。

(6)要爱护实训工具、仪表、电气设备和公共财物，凡在实训过程中损坏仪器设备者，应主动说明原因并接受检查，填写报废单或损坏情况报告表。

(7)凡因违反操作规程或擅自动用其他仪器设备造成损坏者，由当事人作出书面检查，视情节轻重进行赔偿，并给予批评或相应的处分。

(8)保持实训室整洁，实训学习后清理工作场所，做好设备清洁、归位和日常维护工作。经老师同意后方可离开。

(9)节假日之前要进行安全检查，主要包括：门窗要关好，电源要切断，自来水龙头查看是否有漏水现象，以及是否有其他安全隐患。

(10)未经批准，不得带朋友、同学或无关人员进入实训室游玩，不得擅自操作仪器设备。

二、校内典型实训学习安全防范

金工实训是大多数技工院校机械类、电工类、汽车类等工科专业学生的必修课，具有较为广泛的代表性，必须严格遵守各项操作规程。

1. 钳工实训安全防范

钳工实训场景如图3-6所示。

(1)钳工所用的工具，在使用前必须进行检查。

(2)钳工工作台上应设置铁丝防护网，在錾凿时要注意对面工作人员的安全，严禁使用高速钢做錾子。

(3)用手锯锯割工件时，锯条应适当拉紧，以免锯条折断伤人。

(4)使用大锤时,必须注意前后、左右、上下的环境情况,在大锤运动范围内严禁站人,不允许使用大锤打小锤。

2. 焊工实训的安全防范

焊接实训场景如图 3-7 所示。

图 3-6　钳工实训

图 3-7　焊接实训

(1)实训前要穿好工作服和工作鞋,焊接时要戴好工作帽、手套、防护眼镜或面罩等用品。

(2)焊接前应检查电焊机接地是否正常,焊钳、电缆等绝缘是否良好,以防触电。

(3)不得将焊钳放在工作台上,以免短路烧坏电焊机,不许用手触及刚焊好的焊件,以防烫伤。

(4)氧气瓶、乙炔瓶旁严禁烟火,氧气瓶不得撞击和触及油物。

(5)焊接场地通风必须良好,以防有害气体影响人体健康。

(6)焊后清渣时,要防止焊渣崩入眼中。

(7)焊接结束时,要切断电焊机电源,并检查焊接场地有无火种。

3. 切削加工实训安全防范

车工实训如图 3-8 所示。

图 3-8　车工实训

(1)操作机床时,必须穿好工作服并扎紧袖口,留长发者要戴工作帽,并将 头发全部塞入帽内。不准戴手套操作机床。

(2)高速切削时,要戴好防护镜,防止高速切削飞出的切屑损伤眼睛。

(3)开动机床前必须检查手柄位置是否正确,检查旋转部分与机床周围有无 碰撞或不正常现象,并对机床加油润滑。

(4)工件、刀具和夹具必须装夹牢固。装夹工件后,应立即取下扳手。

(5)多人共用一台机床时,只能一人操作,严禁两人同时操作,以防意外。加工过程中不能离开机床,不准倚靠车床操作。

(6)不能用手触摸和测量旋转的和末停稳的工件或卡盘。清除切屑要用钩子或刷子,禁止用手或工具量具直接清除。

(7)主轴运转时不得变换转速,以免发生设备和人身事故。

(8)发现机床运转有不正常现象,应立即停车,关闭电源,报告指导师傅。

(9)操作时应注意他人的安全。

4. 机械作业的安全防范

要保证机械设备不发生伤人事故,不仅机械设备本身要符合安全要求,更重要的是操作者要严格遵守安全操作规程。当然,机械设备的安全操作规程因其种类不同而内容各异。

(1)做好操作前的准备工作。操作人员要正确穿戴好个人防护用品,如图3-9所示。遵守车间要求,能够防护个人作业安全的防护品必须穿戴。如机械女工加工时要戴护帽,以免将头发绞入设备。操作前要对机械设备进行安全检查,而且要空车运转一下,确认正常后,方可投入运行。设备严禁带故障运行,千万不能凑合使用,以防事故发生。

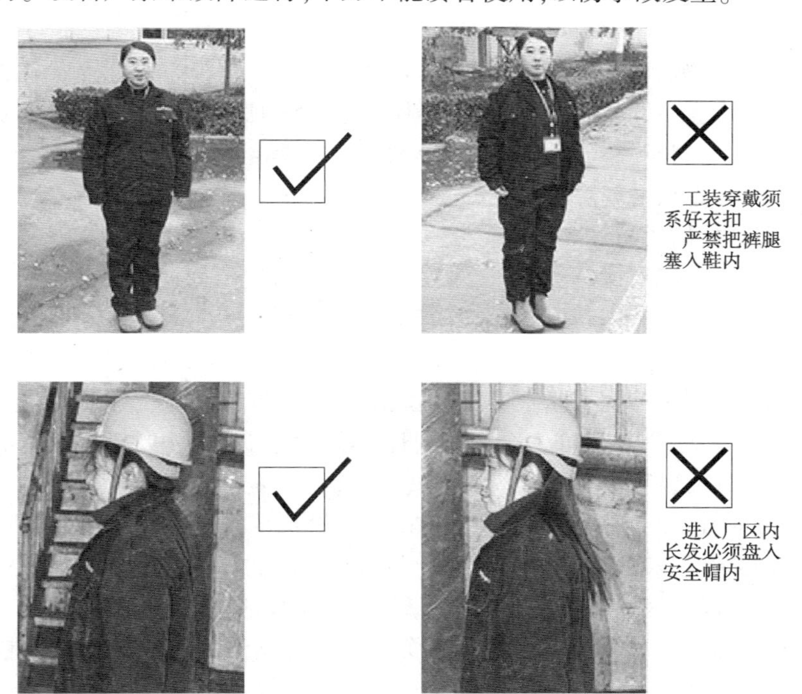

图3-9　劳保用品的穿戴

(2)注意操作中的安全事项。机械设备在运行中要按规定进行安全检查,特别是对紧固的物件看看是否由于振动而松动,是否需要重新紧固。机械安全装置必须按规定正确使用,绝不能将其拆掉使用。机械设备使用的刀具、工夹具以及加工的零件等一定要装卡牢固、不得松动。机械设备在运转时,严禁用手调整,也不得用手测量零件,或进行润滑、清扫杂物等,如必须进行,则应首先关停机械设备。机械设备运转时,操作者不得离开工作岗位,以防发生问题时无人处置。工作结束后，应关闭开关，把刀具和工件从工作位置退出，并清理好工作场地，将零件、工夹具等摆放整齐，打扫好机械设备的卫生。

三、校外实训伤害事故的成因及防范

1. 校外实训伤害事故的成因分析

（1）实习生心理准备不充分。实习前，学生往往对企业环境、实习工作过程和生产环境的认识理想化。进入实习现场对可能遇到的种种困难、问题与突发事件，缺乏应有的心理准备。因此，一旦遇到突发事件，变得手足无措，造成操作失误导致事故发生。

（2）实习生安全意识淡薄。实习生对于学校与企业的安全教育，缺乏足够的重视，看到带班师傅的工作觉得比较简单，认为自己已完全掌握，高估了自己的能力，对于实习伤害事故的危害性认识不够深刻。

（3）实习生操作技能水平低下。实习生的职业技能水平及对操作规程的了解，直接影响系统的安全运行与操作的可靠性。尤其是当面对突发事件时，实习者的职业技能水平决定了对事故的判断与操作行为的决策，并决定了事故控制处理的成败及事故后果的严重性。

（4）实习指导教师对生产过程缺乏深入的了解。在实习生参与企业实习时，实习指导教师没有做到跟踪指导，关注实习生实习现场与工作状况。

（5）学校的安全教育流于形式，没发挥实质性的作用。学校的安全教育只停留在课堂教育上，要求学生记住通用性的规章制度、安全防范注意事项等，没有站在企业的真实生产环境中理解安全问题。同时，企业的带班师傅对学生的实际情况及个人特点缺乏了解，很少结合真实的工作环境，逐点讲解可能出现的安全隐患。

2. 实训伤害事故的预防

企业实习是必修环节，通过实习，让学生了解真实的生产环境与生产过程，掌握操作技能。企业的真实生产环境、生产过程比校内实习、实训场地更为复杂，不可预测性及安全隐患更多，管理上更为困难。因此，如何避免伤害事故的发生，通过对职校实习生伤害事故原因探析，提出相对应的预防策略，尽量把实习伤害事故发生率降到最低，显得非常迫切与重要。

（1）树立安全意识、严格遵守安全操作规程。安全实习是第一要务，学校、企业都要认真上好安全实习第一课，要培养学生牢固树立安全意识。

在设备运行前、运行中必须进行安全检查，防止设备带故障运行。严格按照轮流换岗制度，面对突发事件时，能够沉着应对，运用所学专业知识与技能，及时制止可能发生的事故，保护自身安全。养成良好操作习惯，杜绝违章作业和不良的工作习惯。

（2）安全教育要落实到学生实习的每一个阶段。建立学生安全实习保障制度。学生进入企业实习前，要针对实习生的心理特点对其进行安全教育，安全教育的内容、形式要根据具体实习单位来定，结合实习单位的生产实际，分析可能发生的隐患，使安全教育真实，做到针对性强、有用性强。学校与实习单位签订实习协议，如图3-10所示，要明确实习内容、实习时间以及各自的责任，分工协作，全方位落实学生实习期间的管理工作。学生实习期间要严格遵守学校实习指导教师、企业实习带班师傅的管理与安排。实习生在实习期间，如果在安全方面有突出表现，要给予相应的奖励，健全激励机制。

（3）加强安全管理，增强安全意识，健全安全制度。企业要重视学生的实习工作，健全学

图 3-10　签订实习协议

生实习的企业规章制度。建立学生实验设备安全检查机制，对于那些存在安全隐患的设备要经过检修后方可投入使用，而对于那些无法消除安全隐患的设备，必须坚决予以封存待修。要明确规定，在实习生操作过程中，实习带班师傅必须全程跟踪，确保实习生的误操作率降到最低。实习生就是实习带班师傅的徒弟，实习生出现的各种问题就是实习带班师傅的问题。把学生的安全实习列入企业安全生产监督部门的任务之一，为学生的安全实习提供保障。

(4)设计学生实习的方案，争取企业的支持。根据对实习生伤害事故案例的追踪分析，要了解学生实习的每一个环节，对可能存在的问题做到及时提醒企业实习指导师傅。

模块 4　网络活动安全防范

学习目标

完成本模块学习后，你应能：

1. 认识网络信息及网络消费安全防范；
2. 认识网络交友安全防范，预防网络综合征；
3. 认识校园贷及其风险，能够预防校园贷的发生。

建议课时

2 课时。

典型案例

网瘾少年跳楼自尽。天津少年，13 岁的张某因沉迷网络，导致其难以区分现实与虚拟世界，最终他从 24 层的高楼纵身而下，结束了纠缠自己的痛苦。张某在遗书中流露出对网络外自己的失望，尽管他屡次保证不再进网吧，但却没能控制住自己。他的遗愿是把他在游戏里的东西、他写的东西和他的书送给几个不同的同学。而直到看了他的遗书，张某的父母才对儿子生前的内心世界有了更多了解。

痴迷上网致猝死。2009 年 4 月 7 日，15 岁的深圳少年周某在家吃完母亲做的早餐后称去上学，但他走的是与学校路线相反的街巷，5min 后，周某猝死在路上。监控录像拍下了他倒地的瞬间，其死亡现场距离该社区最大的黑网吧仅有 50m。法医初步判定，周某的死跟沉迷网络导致心脏疾病发作有关，其父母悲痛地表示，儿子长期沉溺于电脑游戏，经常出入黑网吧，而事发前几天除了晚上回家睡觉外，全部在黑网吧度过。

随着互联网的发展和普及,中职学生的生活学习已经离不开网络,但是,部分学生不能正确处理网下生活和网络生活的区别,把过多的时间花费在网络上;而且互联网上的信息良莠不齐,缺乏自制力的学生群体由于心理、生理的不成熟,导致各种违纪违法现象频繁发生,造成很多家庭和社会问题。面对这个"五光十色"的虚拟世界,同学们应正确认识网络的利弊,了解不健康上网对自身的危害,学会预防网络成瘾的方法,增强安全防范意识。真正有效地做到趋利避害,健康上网、安全上网,绿色上网。

一、网络信息安全

网络非法获取公民个人信息日益猖獗,涉及身份信息、电话号码、家庭地址。扩展到网络账号和密码、银行账号和密码、购物记录、出行记录,学会自我保护,是当前中职学生网络安全学习的第一课。

1. 容易被泄露的个人信息

人为倒卖信息、手机泄露、PC 电脑感染、网站漏洞是目前个人信息泄露的四大途径。那么,哪些个人信息会被泄露呢? 主要包括以下类别:

(1)基本信息。为了完成大部分网络行为,消费者会根据服务商要求提交包括姓名、性别、年龄、身份证号码、电话号码、E-mail、家庭住址等在内的个人基本信息,有时甚至会包括婚姻、信仰、职业、工作单位、收入等相对隐私的个人基本信息,如图 3-11 所示。

图 3-11　容易泄露的个人信息

(2)设备信息。主要是指消费者所使用的各种计算机终端设备(包括移动和固定终端)的基本信息,如位置信息、CPU 信息、内存信息、SD 卡信息、操作系统版本等。

(3)账户信息。主要有网银账号、第三方支付账号,社交账号和重要邮箱账号等。

(4)隐私信息。主要包括通讯录信息、通话记录、短信记录、IM 应用软件、聊天记录、个人视频、照片等。

(5)社会关系信息。包括好友关系、家庭成员信息,工作单位信息等。

(6)网络行为信息。主要是指上网行为记录,消费者在网络上的各种活动行为,如上网时间、上网地点、输入记录、聊天交友、网站访问行为、网络游戏行为等个人信息。

2. 个人网络信息的安全防范

(1)公共场合 Wi-Fi 不要随意链接,更不要使用这样的无线网进行网购等活动。如果确实有必要,最好使用自己手机的网络。

(2)手机、电脑等都需要安装安全软件,定期进行病毒查杀,并及时更新安全软件。来路不明的软件不要随便安装,在使用智能手机时,不要修改手机中的系统文件,也不要随便参加注册信息获取赠品的网络活动。

(3)设置高保密强度密码,不同网站最好设置不同的密码。网银、网购的支付密码最好定期更换。尽量不要使用"记住密码"模式,上网后注意个人使用记录。

(4)到正规网站。在看消息或者浏览视频时,一定要去正规的网站,有时安装了杀毒软件、也不能保证电脑不会感染病毒。尤其是购物的时候,会涉及网上支付,使用正规且有保障的网站,安全系数更高。

(5)不随意打开陌生邮件。不随意接收或打开陌生邮件,打开邮箱,看到陌生人发来的邮件千万不能轻易打开,尤其是看到中奖或者是奖品认领等带有诱惑性信息的内容。

(6)在处理快递单、各种账单和交通票据时,最好先涂抹掉个人信息部分后再丢弃,或者集中起来定时统一销毁。

(7)网购填写的地址可以考虑填写学校的地址,让快递员将商品送到学校,而不要送到住宅,特别是单身女性尤其要注意。

(8)在使用公共网络工具时,下线要先清理痕迹。如到复印店打印材料,印完毕后要确保退出邮箱,有 QQ 号码的,退出时要更改登录区设置有"记住密码"的电脑设置。

(9)在网络上留电话号码,数字之间可用"-"隔开,避免被搜索引擎搜到。

(10)在社交平台上,尽量不要晒自己的自拍照以及家人、特别是老人和孩子的照片,更不要透露所处位置,以免被别有用心的人盯上。

二、网络消费安全

网上购物、消费,作为一种新型的消费模式,越来越受到大众青睐。同学在网上购置学习资料的机会越来越多,为同学们的生活带来很多的便利。但网络支付作为一种新型的支付手段也存在着很大的风险,需要谨慎对待,如图 3-12 所示。

1. 常见网络消费陷阱及防范

常见消费陷阱有:低价陷阱、宣传陷阱、钓鱼陷阱、定金陷阱、海外代购陷阱、账户信息安全陷阱、价格欺诈、售后承诺不可信、信用卡被盗用、卖家失联等。

购物时要提高安全防范意识,保留相关交易记录和证据,包括交易商品编号、商品图片、交易时间、网页截图,以及与卖家的聊天记录、有关票据等,一旦与商家产生纠纷,可以先通过客服平台发起维权投诉,同时也可以向工商、消协投诉。

2. 移动支付安全

基于移动互联网带来的消费习惯改变,移动支付也迎来迅速发展,规模呈现井喷式上升。中职学生在使用移动支付时,需要加强安全防范,如图 3-13 所示。

图 3-12　不正规网站购物

图 3-13　移动支付安全

(1)双重身份验证。双重身份验证的好处在于,即便用户登录了手机支付应用输入密码后,仍需输入验证码才能完成支付。

(2)使用可信任的网络链接。如果是在咖啡厅、餐厅等公共区城,建议不要使用公共Wi-Fi进行支付,因为网络黑客往往喜欢潜伏于此,通过骇入安全性较低的公比无线网络来获取用户信息。

(3)设置服务用户更改警报。通常来说,支付服务都拥有一些账户改变警告的通知设定,比如改变密码、支付行为、绑定手机终端等,将这些服务都开启,有助于我们即时了解支付账户的变化。

(4)确定转账人信息。这个部分其实不仅仅适用于手机支付,任何线上、线下的转账,都应该首选确定好转账人的信息。

三、网络交友安全

在我们充分享受互联网带来便利的同时,也要提防不快的事情发生,尤其是网络交友的形式逐渐形成主流,但由其引发的安全事故并不在少数。

1. 重视个人信息自我保护,时刻警惕

为了安全考虑,填写注册信息时,除了网站要求公开的基本个人信息,请不要泄露任何真实的隐私信息,如真实姓名、联系方式,家庭住址、学校名称,银行卡号等。除非对对方有了充分可靠的了解,与他人沟通时最好保持匿名。

图3-14　谨慎网友约见

2. 理性对待网友的约见,勿单独赴约

除非自己与对方已经有很长时间的交往,而且建立了一定的信任,否则轻易不要与对方约会,如图3-14所示。

3. 约会时要察言观色,保持谨慎

见面时,请保护好手机号码,不要被对方知道号码或欺骗性借用;看管好身份证;不要在谈话中说出自己的电话号码、真实住址、学校等信息;请同学们保持必要的谨慎和警惕,个人人身和财产的安全重于一切,在任何情况下都要确信自己的判断,并确信自己的行为是否会伤害到自己或者他人。

4. 请勿和网友发生借贷关系

社会新闻中常会看到被网友骗取财物的事件,中职学生切勿和网友发生钱财或者物品的借贷关系。哪怕向比较熟悉的网友借钱,也务必留下凭据,以免发生不愉快的事情。

四、网络综合征及其预防

青少年正在成为网络综合征的重要患者群,越来越多的人正在感染网络综合征。如何预防网络综合征,也是广大中职学生安全教育的重要部分。

1. 网瘾的形成、症状及预防

青年学生是网络综合征的易感人群,因为正值青春期,心理发育还不成熟,自制能力差,容易产生逆反心理，容易出现心理和行为的偏差。网络的理想化为他们提供了宽阔的平台，从最初好奇的随意浏览到不能自拔的精神依赖，再到躯体依赖，如图3-15所示。

图3-15　网瘾

戒除网瘾的方式和方法比较多，重要的是有一个健康的生活规律和良好的生活习惯。建议每天上网时间不要超过3h，而且要有良好的心态；利用网络来开阔视野、增长知识和扩大交往面，而不是将自己与现实世界隔离，发泄情绪。学会自我调节，舍得放弃网络上那些虚拟的东西。

2. 其他常见网络病症的预防

1）预防“鼠标手”

网络游戏迷或那些在工作中必须使用计算机的人，每天重复在键盘上打字和移动鼠标，易引起“腕管综合征”，俗称“鼠标手”。

2）预防角膜炎、结膜炎

处于发育阶段迷恋电脑游戏的青少年，在电脑前的时间大多很长，短则四五个小时，长则十多个小时，不少人患有干眼疾病，又称角结膜干燥综合征，这是由于长时间注视电脑屏幕，眨眼次数减少引起的。

3）防脊椎变弯错位

脊椎错位不但令关节失去功能，影响灵活性，肌肉抽紧剧痛和乏力，胸闷、脖子痛、腰痛、膝痛、脚麻等症状，甚至可能造成肌肉萎缩，由于脊椎神经受压，严重者更会令心肺等各器官功能不断衰退。

使用电脑要避免长时间盯着屏幕，必须保持正确的坐姿，每半小时做一下颈部及躯干的伸展运动。要调整好显示器和座椅的相对高度，以免引起颈部疲劳。

五、校园不良网络借贷安全

典型案例

2016年3月，泰州某校学生刘某以帮其哥哥创业为名，借用8名同学的身份在“名校贷”平台借款，该8名同学明知刘某是以自己的身份借款，但在“名校贷”工作人员在电话和视频核实时承诺是本人借款22000元，并接受咨询费4400元的划扣，而后“名校贷”将每笔17600元汇入该8名同学银行卡，该8名同学又将钱转给刘某或刘某的哥哥陶某。后该8名同学发现刘某及陶某未及时还款，名校贷公司向该8名同学催款，该8名同学才发现借款已逾期未还，且就算按期归还，每人也要36个月归还名校贷公司近3万元。

2017年8月15日,20岁的北京某外国语高校的大学生范某,在吉林老家溺水而亡。家人发现他留下的遗书后,他的手机还不间断收到威胁恐吓其还款的信息。通过其家人介绍得知,范某此前曾在多个网络借贷平台借"高利贷",已累计达13万余元,其中一笔借款数额为1100元,一周后需还1600元,周利息高达500元。

随着网络借贷的快速发展,一些网络借贷公司不断向职校拓展业务,部分不良网络借贷公司采取虚假宣传的方式和降低贷款门槛、隐瞒实际资费标准等手段,诱导学生过度消费,甚至陷入"高利贷"陷阱,侵犯学生合法权益,如图3-16所示。

图3-16 校园贷

1. 校园网络借贷的类型

目前,针对在校学生的诈骗手段花样翻新、日渐猖獗,学生参与非法手机分期购、无抵押贷款等被诈骗的案件也与日俱增,很多学生身陷其中,给广大同学和家长带来了巨大的负担和痛苦!这种号称"零首付、零风险、无担保无抵押、100%正品"的新兴消费模式正在全国大中专学生中流行起来,从数千元的手机到几十块的袜子,都可以通过这种先赊购后月付的方式"随时拥有"。分期付款华丽的外表下,隐藏着让人不易察觉的"消费陷阱"。

(1)电商背景的电商平台——淘宝、京东等传统电商平台提供的信贷服务,如蚂蚁花呗借呗、京东校园白条等。

(2)消费金融公司——如趣分期、任分期等,部分还提供较低额度的现金提现。

(3)P2P贷款平台(个人对个人网贷平台),网络信贷典型的模式为:网络信贷公司提供平台,资金借出人获取利息收益;资金借入人到期偿还本金,网络信贷公司收取中介服务费,主要用于学生助学和创业。目前,大中专学生网络借贷主要以P2P平台为主,如名校贷等。因国家监管要求,包括名校贷在内的大多数网贷平台均已暂停校园贷业务。

(4)线下私贷——民间放贷机构和放贷人这类主体,俗称高利贷。高利贷通常会进行虚假宣传、线下签约、做非法中介、收取超高费率,同时存在暴力催收等问题,受害者通常会遭受巨大财产损失甚至威胁自身安全。

(5)银行机构——银行面向大学生提供的校园产品,如招商银行的"大学生闪电贷"、中国建设银行的"金蜜蜂校园快贷"、青岛银行的"学e贷"等。

2. 校园网络借贷的风险

(1)这些借贷公司多为非法民间借贷组织,借贷手续不规范,不合法,并伴有利息高、暴力收账等性质特点。

(2)当你无法支付高额利息时,便以不法手段去威胁甚至勒索你或者你的家人、担保人。

(3)一些借贷公司还是分期平台,并没有在用户申请分期时主动、明确地告知逾期还款会造成怎样的后果,或者将要如何赔偿。这也让一些同学并不清楚拖延还款要负担多少,导致一些学生借贷像滚雪球一样"越滚越大"。

(4)协议诸多陷阱:有些平台的利息并不低,而且学生签署的协议里有很多专业术语和法律条文,如果不认真阅读根本无法理解,稍不留神就会吃亏。

(5)贷款前先交押金后,却再无下文。

(6)部分学生以个人名义为第三方贷款提供担保,当第三方不能如期偿还贷款,借贷公司直接要求学生承担费用,很多学生并不知情,防范意识相当淡薄。

3. 校园网络借贷的安全防范

(1)理性消费,尽量不要在网络借款平台和分期购物平台借款和购物,因为利息和违约金都很高。

(2)保护好自己的个人身份信息,切勿将自己的个人身份信息借给他人借款或购物,否则将会承担相应的法律责任。

(3)一定要提高自我保护意识,当有危险或者被不法分子威胁时,要学会用正当手段或者动用法律武器保护自己。同时,需要及时告知自己的父母或辅导员,向自己的家人或老师求助。

(4)一定要树立科学的消费观,不攀比、不炫耀,合理消费,适度消费,同时应多了解一些简单的金融常识如逾期滞纳金、违约金等。

2017 年 9 月 6 日,教育部发文,明确取缔"校园贷款业务",任何网络贷款机构都不允许向在校学生发放贷款。因此,同学们应当充分认识"校园贷"的风险,保持高度警惕,切莫办理"校园贷"而使自己陷入"高利贷""连环贷"的陷阱。

第四单元　人身和心理安全防范

"害人之心不可有,防人之心不可无"。身心安全是人们赖以生存和活动的首要条件,对于在校学生来说,身心安全就是安全之本。由于社会的进步,人类生活方式愈趋复杂,特别是中职学生处于青春期,对新鲜事物非常好奇,加之自身安全防范能力欠缺,可能危害身心安全的情况随之增加。面对侵害,大家要树立起自我保护意识,加强防范,学会用有效的方法提高自我保护能力。与此同时,还要注意不做侵害的实施者,友善的对待身边的每一位同学。

模块 1　被伤害安全防范

学习目标

完成本模块学习后,你应能:

1. 了解被伤害的风险及原因;
2. 掌握被伤害的安全防范措施,确保人身安全。

建议课时

1 课时。

人身安全是指涉及人的生命、健康、自由、尊严等与身体状况密切联系的安全,平安康健,不受威胁,不出事故,没有危险。人的生命只有一次,防止学生生命不受伤害,就是学生安全最重要、最基本的内容。

一、中职学生被伤害的情况

从各种类型的学生伤害案件、事故来看,其基本情况有四类:

(1)因不法之徒的违法犯罪侵害引发或转化的学生生命伤害。例如:流氓滋扰、寻衅滋事、拐卖女生、殴打、性侵犯以及抢劫、盗窃等。

(2)因违反管理规定引发各种事故,直接造成学生生命伤害。例如:爆炸、火灾、交通事故、塌、砸、挤踩、溺水、煤气中毒、食物中毒等。

(3)因违反治安管理规定或因具体矛盾处理不当转化的学生生命伤害。例如:参加邪教组织,误入非法传销,打架斗殴或在公共娱乐场所、公众聚集场合发生的矛盾,学习、生活中产生的摩擦,校外社交活动中发生的纠纷等。

(4)因其他意外情况偶尔发生的学生生命伤害。例如:突发的自然灾害、误伤等。

二、中职学生被伤害的原因

中职学生被伤害的原因是多种多样的,有客观方面的原因,也有自身方面的原因,就其主观原因看,主要有以下几个方面。

1. 安全意识淡薄

对社会治安形势的严峻性,对不法分子侵害手段的残忍性缺乏足够的认识,甚至对随时可能发生的侵害预见性不够,面对复杂客观的治安形势,在思想上却采取了充耳不闻的思维方式,造成防范观念差,当意外侵害发生时,感到的却是格外震惊。

2. 安全知识贫乏

对案件、事故的发生规律知之不多,因而,在什么时间、什么场合、什么环境、什么氛围、什么人群容易发生什么案件、事故,缺乏预见性,更谈不上采取措施积极主动预防。许多情况下,当事故、案件隐患已经严重威胁到人身安全时,一些学生不仅没有保持高度的警惕,甚至还常置若罔闻。

3. 自我安全保护能力弱

从已经发生的中职学生人身生命受到伤害的案例看,许多受伤害的程度可以减小,甚至一些受伤害的情况完全可以避免,但事实是本可以避免的伤害发生了,本可以减小的伤害程度加强了。根本原因就是这些学生的自我安全保护能力弱,当侵害发生时,束手无策,不但不能勇敢、机智、巧妙地进行自我保护,甚至做出激化矛盾、事与愿违的举动。

4. 处理问题的思想观念错误

许多受到侵害的学生,往往在没有发生问题时,什么都不在乎,一旦问题发生,又不敢面对现实,甚至极度恐慌,总怕学校领导和老师知道,设法掩盖已发生的问题,在处理问题时就会出现:不靠老师靠自己,不靠组织靠老乡,不靠理智靠哥们儿义气,在这种错误理念指导下往往是小纠纷演变成大矛盾,简单的问题演变得复杂化,好解决的问题演变得难以处理。

5. 社会公德、组织纪律、法律意识淡薄

特别是在公共聚集场合、公共娱乐场所、集体生活的环境中,只想享受社会公德为自己提供的文明,而不愿遵守社会公德、奉献自己的道德文明,只想享受纪律为自己提供自由,而不愿意遵守纪律、受到纪律的约束,只想享受法律为自己规定的权利,而不履行法律规定的义务,结果是扰乱了公共秩序、侵犯了他人人身权利、危害了公共安全、妨碍了社会管理秩序,最终受到伤害的往往还是学生自己。

三、预防被伤害、确保人身安全

预防中职学生受伤害,是一项综合性工作,需要各级政府认真整顿校园周边秩序,也需要公安、保卫组织联合维护好校园内部治安秩序。中职学生自身如何做好防范,确保人身安全方面主要有以下几点。

(1)尽量少去或者不去治安复杂场所,避免与不法分子发生矛盾。

(2)在处理同学关系时,应互相关心、互相照顾、相互谅解,求同存异。同学之间有差异是正常的,各人来的地方不同,成长环境不同,家庭条件不同,各人有各人的性格,在生活、处事方式上有差别是正常的。大家在一起生活，要互相尊重，要严于律己，宽以待人。要营造一种和谐、和睦的氛围。

(3) 认真学习并严格遵守学校的规章制度。为保证各项教学活动及师生生活的有序进行，学校制定了各种规章制度。这些规章制度中有相当一部分内容是调解学生相互关系的准则。例如几点起床，几点上课，几点午休，几点熄灯睡觉等。这些规章制度是大家都要遵守的准则，大家都自觉遵守了，生活中便出现了许多共同点，少了许多纠纷的可能。

(4) 避免社会不良风气的侵蚀。预防黄、赌、毒的侵害和烟酒造成的人身危害。要正确处理恋爱关系，恋爱有两种结果，一种是结合，一种是分手，这是正常现象。恋爱不成今后做朋友，决不能当敌人、当仇人。

(5) 讲究社会主义精神文明，学会用文明幽默的语言化解纠纷。学生的许多纠纷多由口角引起，而口角的发生大多与恶语伤人有关。俗语说“祸从口出”，即说话不当可能引来祸端。语言美是社会主义精神文明的重要内容，当你不小心碰撞别人，踩了别人脚，或把别人的书本碰到地上，总之，由于你的不小心，伤害了别人的利益，要真心实意地向人说一句“对不起”。反过来由于别人不小心伤害了自己利益时，要讲大度，虚怀若谷，说一声“没关系”，这样纠纷就会自然化解，如图 4-1 所示。

◆ 孔子：
不学礼，无以立。

◆ 荀子：
人无礼而不生，
事无礼则不成，
国无礼则不宁。

图 4-1　学习交往礼仪

(6) 及时化解矛盾，不要积怨甚久，导致激化。一个班，特别是一个宿舍的同学，在一起生活几年，难免产生矛盾，要注意及时化解，有些伤人感情的语言和行为容易造成积怨。因此，伤害过别人的，事后要主动向对方道歉、赔礼，请对方原谅。被伤害过的人，也可找适当的机会提醒对方注意，表明自己对他有意见。如果不及时化解，就可能天长日久，积怨成仇，一旦有“导火线”，就会火山爆发，矛盾激化，采取极端行为。

模块 2　盗抢诈骗安全防范

学习目标

完成本模块学习后，你应能：

1. 了解常见盗抢骗的特点与形式，树立起盗抢骗的防范意识；
2. 会灵活运用恰当的方法防范盗抢骗风险。

建议课时

2 课时。

中职学校办学规模的壮大，校园内社会流动人员的逐渐增多，日常管理中无法做到严密无缝，给校园安全带来隐患，从而引发盗抢骗等危险事件；另一方面，因中职学生年龄较小缺乏判断力，防范能力较弱，易上当受骗，从而造成财物的损失，影响到学习、生活的正常进行，情况严重的可能会对学生的生命产生威胁。

典型案例

2017 年 10 月 29 日晚，某职校何某在校园内与一名女生在僻静处聊天，被一伙无业青少年殴打，强行索要钱财。他们拿到 250 元钱后还押着女生到宿舍取 300 元钱，宿管人员看到情形可疑，就打 110 报警，不法青少年借机逃离。

一、做好防范措施，预防校园盗窃

本部分内容具体见第二单元(模块 3　财产安全防范)。

二、掌握防范技巧，应对抢劫与抢夺

抢劫是指以非法占有为目的，以暴力、胁迫或者其他方法施行的将公私财物据为已有的一种犯罪行为；抢夺是指以非法占有为目的，乘人不备，公然夺取他人的财物，如图 4-2 所示。这两类犯罪行为同时都侵害了他人的人身权利，而且容易转化为凶杀、伤害、强奸等恶性案件，严重侵犯中职学生的财产、人身权利，威胁生命安全。

a)抢劫

b)抢夺

图 4-2　抢劫与抢夺

1. 校园周边抢劫、抢夺案件的特点

(1)案发时间多为晚上，特别是夜深人静、行人稀少时。

(2)案发地点多为偏僻场所，人少的地段。

(3)抢劫、抢夺的对象多为携带贵重物品的人或独行的人，特别是女同学。

(4)犯罪分子攻击的目标是抢夺现金、贵重物品。

(5)犯罪分子较凶残，多数携带凶器，极具侵害性。

(6)作案人一般为校园周边工厂或城镇中不务正业有劣迹的小青年。

2. 抢劫、抢夺案件的预防

(1)要严格遵守校规校纪，不得无故外出，周末也不得外出通宵上网，不得结交社会不良人员。尽量不要在午休、晚上单独外出，特别是女同学；不要在僻静、阴暗处行走、逗留，如必须通过僻静阴暗处，要结伴而行或者携带一些防卫工具。女生独自外出或回校，穿着不要过于时髦、暴露。

(2)现金或贵重物品最好贴身携带,不外露或向人炫耀,不要置于手提包或挎包内。外出时不要携带过多的现金和贵重物品。

(3)发现有人尾随或窥视,不要紧张,露出胆怯神态,可以大胆回头多盯对方几眼或哼唱歌曲,或大叫同学、教师的名字,并改变原定路线,立即向有人、有灯光的地方走去。

3.抢劫、抢夺案件的应对

典型案例

某校一男一女两名中职学生正在一僻静的树林中漫步,突然,一群小混混围上来要强行搜身。当时,女生吓得直发抖,男生则镇定自若,掏出香烟、打火机和身边的数百元钱,假说自己也是同道上混的,愿意和他们交个朋友。小混混一见他那么"爽快",也没有过多的为难他们,拿了钱便扬长而去了。等他们走了一段距离以后,男生急忙叫女生去报案,自己却悄悄跟在小混混后面。不久,有说有笑正在分享"战果"的小混混,便全部被警察抓获了。

这位男生临危不惧、处事不慌、随机应变、巧转话题、化险为夷,既保护了自己又捉拿了罪犯。可见,万一遭遇抢劫、抢夺时,我们应当保持精神上的镇定,根据所处的环境,对比双方的力量,针对不同的情况采取不同的对策。

(1)案发时要在保证自身安全的情况下尽力反抗,分析犯罪分子和自己的力量对比,只要具备反抗的能力或时机有利,就应发动进攻,以制服或使作案人丧失继续作案的心理和能力。

(2)与作案人尽量纠缠。可利用有利地形和利用身边的砖头、木棒等足以自卫的武器与作案人形成僵持局面,使作案人短时间内无法近身,以便引来援助者并对作案人造成心理上的压力。

(3)实在无法与作案人抗衡时,可以看准时机向有人、有灯光的地方或宿舍区奔跑。

(4)巧妙麻痹作案人。当自己处于作案人的控制之下而无法反抗时,可按作案人的需求交出部分财物,并采用语言反抗法,理直气壮地对作案人进行说服教育,晓以利害,从而造成作案人心理上的恐慌。切不可一味地求饶,应当尽力保持镇定,采取幽默方式表明自己已交出全部财物并无反抗的意图,使作案人放松警惕,以便自己看准时机进行反抗或逃脱其控制。

(5)采用间接反抗法。趁其不注意时在作案人身上留下记号,如在其衣服上擦点泥土、血迹,在其口袋中装点有标记的小物件,在作案人得逞后悄悄尾随其后注意其逃跑去向等。

(6)如果敌强我弱,采取灵活做法,要镇静,注意观察作案人,尽量准确记下其特征,如身高、年龄、体态、发型、衣着、胡须、语言、行为等特征。

(7)及时报案。要在最短时间内向公安机关、学校保卫部门报案,说明发案时间、地点,犯罪分子特征,自己财物损失情况等。

(8)无论在什么情况下,遇到抢劫时只要有可能就要大声呼救,或故意高声与作案人说话。犯罪分子逃跑时,应大声呼叫周围的群众,堵截追捕,迫使犯罪分子放弃所抢物品。

三、提高警惕,防止上当受骗

近几年来,学生被骗事件屡屡发生。校园诈骗案件就是以学生为作案目标,以非法占有财物为目的,采用虚构事实,或者是隐瞒真相的方法,诈骗财物数额较大的案件,如图4-3所示。诈骗案件使学生的合法权益受到侵害,轻者会让学生陷入烦恼和痛苦,重则会导致学生轻生以及其他刑事案件的发生,危害性极大。

图4-3　校园诈骗

1. 学生被骗的主要原因

犯罪分子用各种卑劣的手段,行骗学生屡屡得手,这当然与学生本身的生活阅历、社会经验有很大关系。总结起来,有几个方面的原因:

(1)思想单纯,缺乏社会阅历和经验,以及分辨能力。

(2)疏于防范,意气用事,是学生上当受骗的重要原因。

(3)虚荣心强,放不下情面去请教别人。

(4)交友不加选择,容易轻信别人,导致上当受骗。

2. 校园常见骗术

1)冒充教委、公检法、电信、税务等部门诈骗

冒充教育主管部门、公检法、电信部门的工作人员和部门电话,以办理助学金、电话欠费、查收法院传票、退税等借口诱骗事主回电咨询,然后以事主个人信息泄露、银行账户涉嫌洗钱、毒品犯罪或需要调查等为由,要求事主将银行存款转至对方提供的所谓"安全账户"审查为由实施诈骗。

2)利用网络诈骗

在进行网络购物时,诈骗分子多以未收到货款要求多次汇款、收取定金、退款等实施诈骗。有些诈骗分子,盗用QQ、微信冒充好友、采用网络招工、代刷淘宝商城信誉、出售网络游戏装备、中奖等实施诈骗。

3)电话、短信冒充他人诈骗

骗子通过拨打电话,冒充亲属朋友以生病、出车祸等急需资金为由,向事主提出汇款,直至事主发现上当为止。骗子通过群发短信的形式,以各种理由(如账号更换)诱导事主转账汇款。

4)借用手机、银行卡诈骗

嫌疑人多用有急事、手机没电、银行卡不能用等理由,借手机打电话或借银行卡接受家人汇款,转走事主手机或银行卡余额实施诈骗,或犯罪嫌疑人用"测录刷卡器"在付款的时候快速复制银行卡信息并制作成新卡,结合偷窃得来的密码,进行消费、提现。

5)街头购物诈骗

嫌疑人在路边兜售名牌手机,利用市民贪小便宜的心理以假乱真等对路人进行诈骗。

3. 预防上当受骗的措施

1)提高防范意识,学会自我保护

在日常生活中,要做到不贪图便宜、不谋取私利;在提倡助人为乐、奉献爱心的同时,要提高警惕性,不能轻信花言巧语;不要把自己的家庭地址等情况随便告诉陌生人,以免上当受骗。

2)交友要谨慎,避免以感情代替理智

交友最基本的原则有两条:一是择其善者而从之,真正的朋友应该建立在志同道合、高尚的道德情操基础之上,是真诚的感情交流而不是简单的利益关系,要学会了解、理解和谅解;二是严格做到"四戒",戒交低级下流之辈,戒交挥金如土之流,戒交吃喝嫖赌之徒,戒交游手好闲之人。

3)同学之间要相互沟通、相互帮助

既然是交往就不存在绝对保密,有些交往关系,在自己认为适合的范围内适当透露或公开,更适合安全需要,特别是在自己觉得可能会吃亏上当时,与同学有所沟通或许就会得到一些帮助并避免受害。

4)服从校园管理,自觉遵守校纪校规

为了加强校园管理,学院制定了一系列管理制度和规定、制度,在执行过程中可能会给同学们带来一些不便;但是制度却是必不可缺的,都是为控制闲杂人员和犯罪分子混入校园作案,以维护学生正当权益和校园秩序而制定的。

5)内因防范

(1)等几天原则。在等待中可以使自己的头脑清醒,有时间作调查研究和深层次的考虑。

(2)不懂不碰原则。如骗子用金元宝进行诈骗,在这种需要很强专业性的情况下,就坚决不碰。

(3)不理睬原则。骗子一开始都是试探性的,不说话,赶快离开,骗子摸不着头脑,诈骗就不可能得逞。

(4)不轻信他人和书面确证原则。比较违反常理的事,首先让他证实身份,而且要当面、使用书面的证明证实,不能使用电话等口头方式。如果是公安机关调查案件,要求你配合的话,一般来说,会首先通过学校找到你,而不是一个电话就可以展开调查的。

6)外因防范

(1)价格表原则。任何东西都有一个比较确定的价格,或者参照商店同类商品的价格,这样就不容易上当受骗。

(2)一条线查到底原则。面对陌生人,应仔细考查对方,抓住一个问题,一问到底。

(3)请老师帮助原则。对于自己不懂的事情,要请教老师,不能仅凭自己的判断。

4. 受骗后的补救措施

如果在被骗过程中突然意识到危险,要保持清醒的头脑,然后再采取措施,将受损情况降低到最小。有些骗子的行为一旦被人戳穿,他们可能因为气恼或羞愧而变得有攻击倾向,此时,要学会将计就计,先稳住骗子或者将其引至人多的地方,在确保人身安全的前提下再戳穿骗子行为。

不慎受骗后,应及时向学校反映并向公安机关报案,报案时按照接报人员的引导讲明受骗的细节,同时应将诈骗分子使用的犯罪工具以及遗留物等,提交给公安机关,并协助公安机关进行秘密寻找和辨认。

总之,学生只要消除贪念、增强法制观念和安全意识,必将远离诈骗。

课堂实践

1. 思考:宿舍内应该如何防盗?
2. 制作一期防范诈骗的手抄报。

模块3 黄赌毒的安全防范

学习目标

完成本模块学习后,你应能:

1. 了解黄赌毒的危害,掌握如何防范黄赌毒;
2. 会分辨黄赌毒,自觉拒绝黄赌毒。

建议课时

2课时。

当今社会环境比较复杂,中职学生除了外出实习,大部分都在学校内学习和生活,对社会的认知较少,社会经验较为欠缺,所以当他们面对诸如黄、赌、毒等方面各种诱惑,分辨能力明显不足,少数学生就会落入不法分子的圈套,深陷其中,不能自拔。因此,中职学生要特别注意加强自我防范,避免受到不法侵害或者误入歧途。

一、抵御"黄色"诱惑

典型案例

某中职学校学生汤某,迷恋于黄色网页而不能自控,并以恋爱为名与女同学发生性关系,使其怀孕,为给女同学筹钱打胎,竟然盗窃同学存折,取出4000元现金,沦为盗窃犯,被绳之以法。

广东省广州市某学校一名中职学生冯某，从2000年1月23日开始，利用郑州市某网站提供的免费个人空间建起一个色情主页，并且把该主页与他在某网站的主页进行链接。截至2002年3月4日该色情网页被查封时，一共有107304人次浏览。2002年9月，冯某因为这起河南省郑州市第一起利用网络传播淫秽物品牟利案，被判处有期徒刑10年，并处罚金2万元。

中职学生正处于身体生理条件成熟的初级阶段，对自身和异性都有很多神秘感。由于我国的教育体制，在性教育方面还存在很大不足，中职学生对生理方面的认识程度有很大欠缺，又由于青年中职学生具有接受新奇事物的天性，对出现的和能够出现在其视野内的异性产生极大兴趣，所以会乐此不疲地追求这方面的事物，希望能探其究竟，愈久弥深，自觉不自觉地受到黄色淫秽物品的毒害，轻则精神萎靡，产生性幻想，荒废学业，重则按照淫秽图书、图片或录像中的内容实施，而触犯法律。利用黄色淫秽物品谋取利益者，则更是法律所不容。

1. 涉“黄”的规定及其危害

(1)所谓“黄”，是指具体描绘性行为或者露骨宣扬色情的淫秽性的书刊、影片、图片及其他淫秽物品。

《中华人民共和国刑法》第三百六十四条规定：“对传播淫秽的书刊、影片、音像、图片或者其他淫秽物品，情节严重的处二年以下有期徒刑、拘役或者管制。向不满十八周岁的未成年人传播淫秽物品的，从重处罚”。“组织播放淫秽的电影、录像等音像制品的，处三年以下有期徒刑、拘役或管制，并处罚金；情节严重的，处三年以上十年以下有期徒刑，并处罚金。”

(2)涉“黄”危害。“万恶淫为自”，邪淫的开始也就是毁灭的开端。中职学生正处于青春发育成熟期，青春萌动，愿意探索新知，由于一些腐朽的意识形态影响和黄色淫秽制品的传播对个别中职学生的影响甚大，他们不知深浅，通过涉足淫秽物品和浏览黄色网页后，寻求刺激，来达到自己对内心空虚的解脱。有的深陷泥潭不能自拔，整日精神萎靡、心神不定、想入非非，以至污染风气、毒害心灵、荒废学业，有的还堕入违法犯罪的深渊，葬送了自己的前程。

2. 远离“黄色”

(1)控制上网时间，戒掉网瘾。现在的中职学生生活相对比较宽松，部分学生课余时间无限制地上网，甚至让自己整天沉迷于网络不能自拔。网络游戏、色情和聊天中充斥着虚拟的刺激、惊险和浪漫，但是，我们要认清这个杀人不眨眼“刽子手”的真面目，及时戒掉网瘾，如图4-4所示。

图4-4　网络垃圾

(2)树立良好的价值观。要让自己有一个良好的价值观，这样才能让自己有辨别能力，才不会被别人的诱惑而走入歧途中，这是很宝贵的，作为中职学生，即将踏入社会，更应该有良好的价值观来引导自己，让自己前行的道路更加光明。有了价值观,才能取舍自己想要的事物,而不处于迷茫之中。

(3)要学会明辨是非。一定要明辨是非对错,面对网上的一些不好的事物,要学会吸收好的去掉不好的,让自己拥有一个好的环境。

(4)多交真实朋友。青少年易被网上的一些不良的信息诱导甚至被骗,这便说明自己的阅历还是很薄弱,需要增强,也要让自己在实际生活中多结识一些好朋友,这样才能辨别各种人。现实生活中如果有一群好伙伴通过交谈和相处,你就会学到更多的东西,面对网上的一些未知事物也会更有辨别能力了。

(5)培养运动爱好。当一个人爱上运动的时候,他的意志力也会慢慢被培养出来,坚持每天都做一些运动,劳逸结合会让自己精气神十足,从而保持冷静的头脑。

(6)多读好书。一个人在无知的时候会很容易被外界的事物所欺骗,就如同网上的一些不良信息,这是非常不好的,因此平时要多看一些书,这样才能让自己多懂得一些道理,更加明白很多人的话,更能分别对错好恶,这些书本上都可以教会我们的。要慢慢学习,让自己的内心变得更加强大,如图4-5所示。

图4-5　开卷有益

二、防止"赌"的入侵

典型案例

赌博的危害大家众所周知,当今中职生集体主义观念、法制观念淡薄,组织纪律性差,在社会不良风气的影响下,极易染上赌博等恶习,甚至引发一些其他违反校规校纪的恶性事件。在调查学生周某2100元现金被盗案中,发现了该寝室学生有赌博现象。据了解,该寝室的周某、楼某、马某和同班其他寝室的娄某、邢某、宣某等人开学以来,经常在寝室以"诈金花"和"打双扣"的形式进行赌博,且每次输赢金额都较大。据查,周某失窃的前一天,周某一直和楼某、马某、宣某和娄某等人在课余时间段和晚自修后在寝室"押九点"赌博,并一直赌到第二天凌晨4时左右,输赢都在几百元之间,最多的赢了1100元。通过进一步调查统计,开学以来楼某、周某等人经常聚众赌博,截至调查之日,周某共赢了5000元左右,楼某共输掉6000元左右,娄某共输掉3000多元,邢某赢1000元左右,宣某输200元左右。

最后查处偷盗现金的为赌博输钱的楼某所为,楼某被公安机关刑事拘留,并被学校开除学籍处分;多次聚众赌博的马某、周某、娄某、邢某、宣某均被学校予以开除学籍处分。

1. 赌博的害处

(1)赌博易使人产生贪欲,久而久之会使他们的人生观、价值观发生扭曲。

(2)大量浪费学习和休息的时间,以致严重影响学习,成绩落后,甚至造成留级、退学。

(3)毒害中职学生的心灵,赌博活动易使中职学生产生好逸恶劳、尔虞我诈、投机侥幸等不良的心理品质。

(4)赌博习惯较难改,长大后可能成为赌棍或职业赌徒;而且,经常赌博还会沾上吸烟、饮酒、偷窃、说谎、打架等坏行为。

因此,赌博对中职学生的害处极大,如图4-6所示。

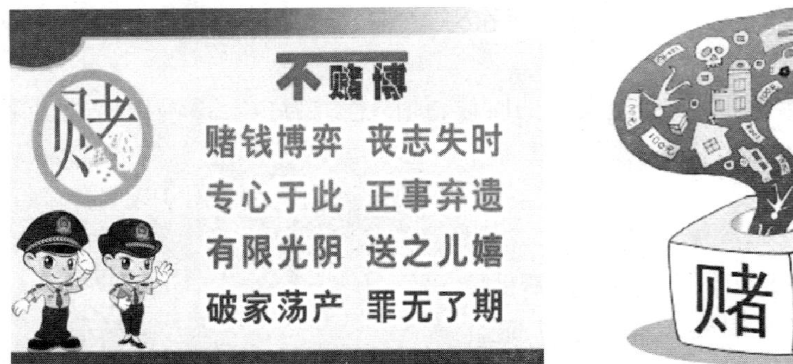

图4-6 赌博的危害

2. 中职学生应如何抵制和拒绝参与赌博

(1)自觉遵守校纪校规,养成遵纪守法的良好习惯。

(2)充分认识赌博的危害,培养高尚的情操,多参加健康积极的文体活动,充实自己的业余活动。

(3)要防微杜渐,分清娱乐和赌博的界限。

(4)思想上要警惕,不要因为顾及朋友、同学的情面而参与赌博。遇到他人相邀,要设法推脱。

(5)要从根本上关心同学出发,制止他人参与赌博,必要时向老师或学校有关部门报告,如图4-7所示。

图4-7 严禁赌博

三、拒绝毒品诱惑,珍爱美好生命

1. 涉“毒”的范畴

毒品一般是指使人形成瘾癖的药物,这里的药物一词是个广义的概念,主要指吸毒者滥用的鸦片、海洛因、冰毒等,还包括具有依赖性的天然植物、烟、酒和溶剂等,与医疗用药物是不同的概念。吸食(包括注射)毒品或欺骗、容留、强迫他人吸食毒品、贩卖毒品已成为世界性的社会公害,并构成违法犯罪。

2. 毒品的种类

从毒品的来源看，可分为天然毒品、半合成毒品和合成毒品三大类。天然毒品是直接从毒品原植物中提取的毒品，如鸦片，如图4-8a)所示。半合成毒品是由天然毒品与化学物质合成得到，如海洛因，如图4-8b)所示。合成毒品，又称为新型毒品，则完全由有机合成的方法制造，如冰毒，如图4-8c)所示。

a)鸦片

b)海洛因

c) 冰毒

图4-8　部分毒品

从毒品对人中枢神经的作用看，可分为抑制剂、兴奋剂和致幻剂。抑制剂能抑制中枢神经系统，具有镇静和放松作用，如鸦片。兴奋剂能刺激中枢神经系统，使人产生兴奋，如苯丙胺。致幻剂能使人产生幻觉，导致自我歪曲和思维分裂，如麦迪卡林。

从毒品流行的顺序看，可分为传统毒品和新型毒品。传统毒品一般指鸦片、海洛因等流行较早的毒品。新型毒品是相对传统毒品而言，主要指冰毒等人工化学合成的致幻剂、兴奋剂类毒品，特别是一些新型毒品被伪包装，如图4-9所示。

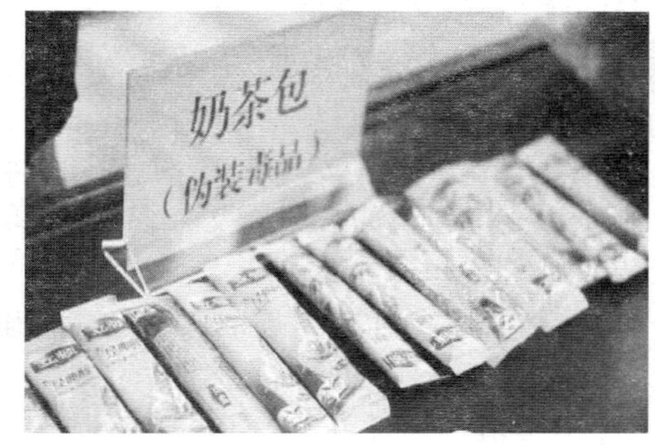

图4-9　伪装毒品

3. 毒品的危害

吸食、贩卖毒品的危害不可低估，影响巨大。作为学生，有必要认识到吸毒给学习和生活带来的负面影响，提高自身警惕，增强意志力，远离毒品危害。

(1)严重危害人体健康。毒品作用于人体，使人体体能产生适应性改变，形成在药物作用下的新的平衡状态。一旦停掉药物，生理功能就会发生紊乱，出现一系列严重反应，称为戒断反应，使人感到非常痛苦。毁坏人的神经中枢，影响寿命。助长乙型肝炎、丙型肝炎、性病和艾滋病等传染病。

(2)威胁社会安全。在毒品的作用下吸毒者可能产生妄想和幻视幻听，吸毒后伤人、毒驾等情况屡见不鲜，严重威胁公共安全。吸毒者为获取毒资而走上盗窃、抢劫的道路；吸毒后情绪容易失控，造成暴力犯罪。吸毒使人性泯灭，丧失家庭、社会责任，甚至家破人亡、骨肉相残，如图 4-10 所示。

总之，吸毒者步入毒池后的人生“四步曲”：“毁坏身体，散尽家财，家破人亡，男盗女娼”，是相当精确的十六字总结。

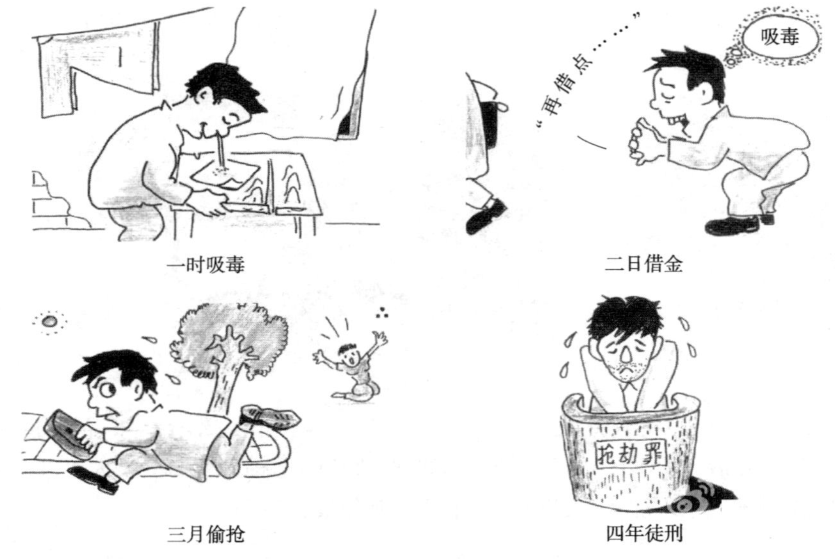

图 4-10 吸毒危害

4. 预防毒品的侵袭

(1)要遵纪守法，牢固树立法治观念。时时刻刻提醒自己，依法办事。

(2)要充分认识毒品的危害，培养高尚的道德情操。要学会分辨是非，主动拒绝社会不良行为的影响。不要以身试毒(图 4-11)，否则必将付出惨痛的代价。

图 4-11 拒绝毒品

(3)不追求刺激，不玩物丧志。不盲目追求感官刺激，要树立正确的信仰。吸食毒品犹如玩火，后果将不堪设想。

(4)不结交吸毒和有劣迹的人。远离娱乐场所，远离吸毒场所，谨防毒品侵害。

(5)不相信坏人的花言巧语，避免上当受骗。不要相信吸毒是高级享受的谎话，吸毒一口，痛苦一辈子。

(6)万一感染上毒品，主动向家长和老师报告。要相信毒海无边回头是岸，自觉接受家长和社会有关部门的监督戒除毒品，及时进行康复治疗。只有这样才可能摆脱毒品，回归到正常的生活轨道上。

课堂实践

1. 讨论在校园生活和社会生活中如何远离黄赌毒？
2. 制作一期禁毒知识宣传简报。

模块4　绑架与拐骗安全防范

学习目标

完成本模块学习后，你应能：

1. 认识什么是绑架、拐卖，以及给被绑架和被拐骗者带来的伤害；
2. 遇到绑架、拐骗，会采取应对措施。

建议课时

2课时。

典型案例

2017年2月1日13时30分，沈阳市公安局经过15小时的昼夜奋战、连续攻坚，成功破获了一起特大绑架女大学生案，抓获犯罪嫌疑人2人，被绑架的女大学生胡某被成功解救。

1月31日22时17分，沈阳市公安局经济技术开发区分局接到报警称：沈阳某学院一名女生胡某被人绑架，犯罪嫌疑人向其家属索要赎金20万元。经专案组连夜侦查得知，被害人胡某在学校附近的某小区租房办补习班，平时出入此处。据其家人反映，2月1日6时许，胡某父亲与其通电话时，胡某语气比较平静，证明被害人胡某生命暂未受到威胁。为保证人质的绝对安全，一方面，在专案组的安排下，被害人家属始终与犯罪嫌疑人保持联系，稳住犯罪嫌疑人，时刻了解掌握被害人胡某的情况，为专案组破案争取时间；另一方面，专案组兵分三路开展工作，一路对犯罪嫌疑人使用的车辆等作案工具开展排查，一路组织50余名警力开展全方位视频排查，一路对被害人胡某关系网开展深入调查。最终，专案组将犯罪嫌疑人藏匿地点锁定在开发区大潘街道小潘村一出租的平房内。

在确定犯罪嫌疑人准确位置后，专案组指挥部果断下达抓捕指令，在确保人质绝对安全的情况下，抓捕组民警迅速行动，冲进室内一举将两名犯罪嫌疑人王某某（男，32岁）、王某（男，41岁）抓获，成功将被害人胡某解救出来。

在我们多数人的记忆中，只有富翁或名人才有可能被绑架，但随着社会就业竞争加剧，被绑架的对象趋向于普通的平民百姓。近年来，很多绑匪将绑架目标投向了在校学生，他们认为独生子女都是父母的掌上明珠，况且在校学生们涉世未深、社会经验不足、容易轻信他人等弱点，容易偏听偏信，容易上当受骗，这些是学生绑架案屡屡发生的重要原因。所以，提高防范意识，不轻易相信陌生人，是防止绑架事件发生的根本途径。

一、提高防范意识，巧妙应对被绑架

1. 防止绑架事件发生，关键是要提高预防意识

(1)平时养成朴素的生活习惯，不要炫耀自己或家中如何有钱(图4-12)，更不要随便带陌生人到家中“参观”。家庭富裕的学生，平时生活要注意自己的消费方式，不要铺张浪费，以暴露自己的钱财，绑架分子的动机往往都是因为贪恋钱财而起。所以，过多暴露自己钱财的人，容易成为绑架分子的“猎物”。

图4-12 炫富

(2)外出、上学和放学要尽量结伴同行，外出时要告诉家长，并说明返家时间，不要随意在外逗留。

(3)如果有人突然来找你以“你家中出事了”或“你父母生病、出车祸”等为由，要你离开学校或家中时，应首先设法与家人联系查证，并将此事告诉你的老师或邻居。

(4)如果外出时察觉被不法分子跟踪，要保持冷静、镇定，切忌惊慌失措，这时应迅速分析周围情况，依据环境因素来决定对策，例如，立即向人多的繁华地带转移，通常在热闹的地方不法分子不敢胡作非为。

(5)提高警惕。首先要从思想上筑起一道防线，做到不轻信陌生人，不随便将自己和家人的信息透露给陌生人，以免使不法分子产生歹念，使自己沦为歹徒作案的对象。

2. 巧对被绑架或被劫持

(1)如果不幸遇到绑架、劫持，要保持冷静，并想方设法摆脱歹徒的控制。

①心理建设最重要。保持冷静与警觉，切记求生的信念与逃脱的准备；以美好的具体期待减少身心痛苦；主动机智巧妙地与绑匪沟通，争取存活的时机与空间；尽量进食与活动，维持良好体能状况。

②求生守则不可少。如对方持有利器，先设法安抚攀谈，让他放下武器；衡量是否有能力逃跑，再运用随身携带物品自卫；若无充分把握，勿以言语或动作刺激绑匪，致遭不测；如周围有人，可乘机呼救引人注意，伺机逃脱；保持冷静才不致处于劣势；应佯装不懂绑匪交谈所用的方言；伺机留下求救信号，如：眼神、手势、字条等；一旦“羊入虎口”，应凡事顺从，以降低绑匪戒心；可适当告知绑匪自己的姓名、电话等，但对于经济状况，应饰词搪塞；等待时机设法潜逃，并立即用电话向家人、亲友或公安机关求助；熟记绑匪容貌、口音、交通工具及周围环境特征(特殊声音、味道)；反复回忆事件经过及细节，利于获救后提供给警方破案。

(2)同学被绑架后的救助措施。

①万一同学被绑架，应采取隐蔽方式尽早向公安机关报案，不应与绑匪私下解决，以免延误报案，使公安机关贻误解救人质的最佳时机。

②听从公安机关指挥，不要自作主张，要在警方的指导下与绑匪进行谈判，并及时反馈信息，积极为警方布控争取较多的时间。

二、谨防被拐骗(卖)

典型案例

19岁的小易是湖南某校学生,春节期间到珠海与打工的父母团聚,准备于2008年2月15日晚上坐火车回校,15日上午,她在广州火车站候车时,坐在一旁的一名戴眼镜的男青年主动跟她搭话,男青年自称他们是老乡,并邀她上网。小易便跟着他出了火车站,来到了一间小旅馆,进了旅馆,戴眼镜的男青年原形毕露,将小易身上的物品洗劫一空,然后打电话联系"老大",商量着将小易卖到中山张家边去。趁戴眼镜的男青年打电话的空隙,小易掏出口袋里的口红,悄悄在一张纸巾上写上"好人,救我"以及其父亲的联系电话,然后揉成一团,想找机会丢出去。不久,一姓阳的男青年来到旅馆,两人花350元雇了一辆非法营运的蓝牌车强行将小易从广州挟持到中山。途中,小易曾试图将纸巾团扔出车外,却被一阵风刮回了车厢里,幸运的是,15日晚9时许,中山交警机动大队执勤民警在对小易所乘的车例行检查时,发现了可疑,准备进一步检查时,小易慌忙从车上冲下来向民警求救,才得以获救。

大中专学生作为高智商的人,被拐卖的问题却屡屡发生,究其原因,有的是想找个好工作,轻信人贩子的许诺上当被拐卖,有的是因缺乏生活常识,失去警惕喝了迷魂药的饮料,在不清醒状态下被拐卖,有的因交朋友上当被拐卖,有的因想占便宜,轻信人贩子丰厚利益许诺被拐卖等。在被拐卖的学生中,有本科生,也有研究生,确实发人深省。

拐卖是指不法分子以出卖为目的,利用欺骗、利诱等方法,使被侵害人轻信后,置其于控制下,而后卖掉赚钱的行为,如图4-13所示。拐卖人口已经成为仅次于走私军火、贩卖毒品的世界三大公害之一,因此,我们必须严加防范,远离被拐骗。

图4-13　被拐骗

1. 防范被拐骗(卖)

警方认为:看似偶然发生的诱拐案件,实际上却有其发生的必然性,中职学生普遍缺乏安全意识,是不法分子伤害的对象之一。所以,我们有必要掌握被拐骗(卖)的防范方法。

(1)保持思想上的警惕性。特别是独自一个人外出或活动时,任何情况下不要失去思想防线,遇事多问几个为什么。

(2)不要有占便宜思想。特别是无缘无故的利益突然降到你面前时,一些"君子"堂而皇之地向你许诺时,切忌莫轻信,坚信天上不会掉馅饼。

(3)不要随便吃喝初识人的东西。在公共场所,食物、饮料开封后未用完,因有事离开返回后,尽量不要再食用。

(4)慎重交朋友。不随便与社会上不三不四或不知底细的人交往,尤其是通过通信网络认识的人要谨慎交往,不随便跟不认识的网友见面,不随便接受陌生人给的东西,特别是对于对方的邀请,不要轻易应邀,一旦应邀时,最好能把自己去的地方、联系方式、大概回来的时间告知有关同学,留有后手。

(5)闲聊时,不要随便对外讲述自己的家庭情况。

(6)和同学朋友外出,最好先告知父母,征求父母意见。

(7)与陌生人保持距离,对有意套近乎、献殷勤者,应多留心眼。

(8)异地他乡遇到同乡,也要多留心、多提防,尤其是他热心地与你攀谈、套近乎,为你介绍住宿,邀请你外出游玩时,要注意防止上当。

(9)招聘时,务必要提高警惕,弄清招聘者及招聘单位是否真实,不要轻信招聘者的花言巧语,轻易跟着走。

(10)加强自身修养,做到自立、自强、自尊、自爱。

综上,中职学生要学会识别诸如介绍工作、兼职打工、偶遇"知音"、解困使者、结识"领导"、介绍对象、网上交友、乘坐"黑"出租等拐骗(卖)常见的陷阱。

2. 被拐骗(卖)的自救

(1)切忌抱有"因为害怕,不知道有谁能帮忙,只能相信自己""我不敢打电话,太丢人了,不知道该怎么给家人说"这样错误的想法,使犯罪分子得寸进尺。

(2)调整心态,多与监视和看守自己的人搭讪闲聊,麻痹他们,观察他们的弱点,了解他们内部的情况、为寻求脱身的机会打下基础。

(3)知道眼下再反抗也是徒劳,倒不如假装顺从或者已被驯服的样子迷惑和麻痹诱拐者,使其逐渐放松警惕,从而寻找逃跑和求救机会,切忌盲目逃跑,否则适得其反。

(4)寻找恰当时机,趁不法分子不备,发出类似于"救命,我是某校学生,被骗到此地被他们囚禁了,就在某地,希望好心人帮忙报警"的求救信息。

希望通过学习能引起同学们对绑架、拐骗安全防范的重视,并从中学到一些基本的防绑架、防拐骗的知识和自我解救方法。

课堂实践

1. 说一说,自己身边发生过的绑架或拐骗案件。
2. 如何防范被绑架与被拐骗。

模块5　早恋与性侵安全防范

学习目标

完成本模块学习后,你应能:

1. 认识早恋的坏处,树立安全防范意识;
2. 认识被性侵的风险,会机智灵活的应对被性侵事件。

建议课时

2课时。

典型案例

2002年2月4日凌晨2时许，在广州市沙面某酒吧内，一群中职学生正为一名男生庆祝生日，16岁少女小莉看到寿星仔与另一名女生不停地打情骂俏及大唱情歌，心里极度失落和伤心。因为小莉曾与寿星仔关系密切，近日两人闹别扭了。于是，她便到附近商店购买了一把裁纸刀藏在身上，然后静静回到座位上，并狂饮啤酒。不久有同学发现小莉面色苍白，神志不清伏在桌台上，桌下还有一大摊血迹，左手腕有一道长约6cm的切口，同学们找来出租车将其送院救治。

经医生检查，小莉左手腕有4条肌腱被切断，还伴有轻度酒精中毒。当天，医生为小莉做了接肌腱手术。

中职学生正处在青春发育期，往往不能正确分辨早恋与异性之间正常交往的区别，不能适当调整恋爱与学业之间的矛盾，在恋爱过程中也不能恰当处理人际关系，如图4-14所示。因此，中职学生应当正确对待恋爱问题，树立正确的恋爱观。

图4-14　早恋

一、认识早恋

1. 早恋的产生

在每个学生的花季岁月里，当少男少女踏进青春的门槛时，自然而然会对异性产生好奇与爱慕。早恋是人在一生中的一个特殊时期所表现出来的一项特有的心理活动，在心理学上称之为异性效应。

2. 早恋的社会界定

谈恋爱的年龄早晚，并没有一个统一的标准，就我国的实际情况来说：其一是生活上的自立程度。一些少年，生活和经济尚在父母督促和庇荫下，还处在学习文化技能的紧张阶段，对社会了解的还甚少，就迫不及待地谈恋爱，可谓为时过早。其二是谈恋爱的年龄和法定最低婚龄之间的差距，如果已经达到或接近法定最低婚龄，就不算早恋；如果和法定最低婚龄还差很远，就应视为早恋。因为法定最低婚龄是根据青少年的身体、心理发育而规定的。因此，中职及中职以下的学生谈恋爱，就是早恋。

3. 早恋的特点

（1）朦胧性。即模糊不清的感情，似乎是爱，似乎又不是爱，其实是错把对异性的好感当作是对异性的爱。

(2)单纯性。少男少女们往往认为爱就是一切,不附加任何条件,他们的感情像水晶般的纯洁,但由于常与现实不符,因此往往蒙受心灵上的创伤。

(3)不稳定性。少男少女可塑性强,随着时间的推移,双方情况都会发生变化,而每一种变化都会给爱情带来影响。

因此,过早地把精力放在恋爱上,除了影响正常学习、生活,还会因为学校、家庭、社会的不认同,增加其秘密交往的压力和恐惧感,影响学生的心理健康,有个别学生可能会因为法律意识淡薄、受经济上的困扰以及黄色文化的侵害,走上偷窃、性侵等的犯罪道路。

二、预防早恋

做好中职学生早恋的预防工作,除了需要学校方面的引导和管理,开展心理咨询活动,进行青春期教育,开展性教育,引导学生正确地进行交往外,学生自身也要正确认识早恋,预防早恋,把主要精力放在学习上,为将来走向社会打下良好的基础。

1. 正确认识早恋

当自己收到对方爱的表达时,不要紧张,也不要感觉到羞耻。但这种感情又不能称之为真正意义上的爱情,也不能说是简单的友情。这时候我们要保持谨慎的态度,不要被一时的冲动影响了自己的正确判断,因为学校阶段学习才是第一要务。

2. 认清自己的学习目标

中职阶段的学生成绩,特别是技能的训练,与日后的就业息息相关。当遇到早恋困扰的时候,不妨让自己冷静下来,理清学校阶段的主要矛盾和次要矛盾,才能把学习和恋爱,区别开来。

3. 控制不符合实际的幻想

学校里的同学交往,应该是健康的、积极的、向上的。不要跨越底线,不要把学校里的感情等同于社会上的婚姻关系。因为青少年的心智还不健全,有时候不能理性地对待感情问题。因此要丢掉那些不切实际的幻想,阳光的对待生活,只有这样才能更有利于同学之间的交往。

4. 培养健全的人格

健全的人格是一个人是否走向成熟的重要标志,而健全的人格的培养需要同学们多读书,读好书。在生活中也要多向周围的师长进行请教,向名人学习。只有这样,才能不断地完善自己的人格,提高自己认识世界、分析事物发展规律、判断是非的能力。只有我们逐步完善自己的人格,具备生存能力,才更有资格去爱别人和获得爱。

5. 正确地认识性和爱的关系

爱情中包含性的成分,但是性又不是爱情的全部。如果把爱情比作船桨,那么理智就是舵。只有两者的默契配合,爱情之舟才能抵达婚姻的彼岸。对于中职学生来说,太早的性行为,不但有悖于社会公德,也不利于中职学生的身心健康,由此带来的社会危害比比皆是。

6. 学会拒绝他人

拒绝是人际交往中的一种艺术,当对方提出不合理的要求的时候,我们学会要学会拒绝。正常而明确的拒绝,更有利于同学之间的关系。反之模棱两可的暧昧,有时候会带来很多危害。明确表明我们的立场和态度,不给对方不切实际幻想的机会。

7. 理性的对待失恋

通常情况下,中职学生的恋情往往有始无终,失恋也就在所难免。想要摆脱失恋的痛苦,一方面,可以请求长辈的帮助,另一方面,也需要提高自我的抗挫折能力。其实任何事物的发展,往往都具有两面性,恋爱也是如此。与其沉迷在失恋的痛苦之中,不如从失恋中自我反省自我进步,让自己的心态更趋成熟。

三、正确地进行异性交往

中职学生的早恋,往往来源于过分的把对象理想化,或者因为家庭的关系,排解压力和寂寞过分眷恋。在这种彼此依恋中,虽然有强烈的感情色彩,但认真分析起来,这其中多半是友谊的需求、对异性的好奇、对陪伴的渴望,再加上浪漫幻想的多重混合的心理活动。因此,我们要理智地对待所谓的情感,牢记校园异性交往中的基本原则。

1. 自尊自爱

同异性交往时,要保持自尊和自爱,不要自作多情。要注意,穿着打扮,符合学生身份,切忌过分身体接触。

2. 增强个人魅力

充分认识自我价值,不断提高个人修养和学识,只有这样才能赢得老师和同学们的欣赏和赞美。

3. 集体交往

避免单独接触,集体交往有利于好的认识异性,缓解异性交往中的羞涩和困扰,避免一叶障目不见泰山。

4. 自然交往

在与异性交往过程中,要注意语言、表情、行为,端庄大方。既不过分夸张,又不闪烁其词。既不盲目冲动,也不矫揉造作。要恰当地展示自己的优点。

5. 适度交往

在与异性交往中,既不要故意疏远,也不要过分亲密。要保持彼此之间的心理和空间距离,要做到诚恳大方。

6. 保持独立

要学会独立,不能过分地依赖别人。生活中,每个人都应该有自己独立的世界,要学会思考和感受生活。要尊重别人的私有空间和秘密。

校园里的异性交往,主要是为了建立普通的同学友谊关系,而绝不是为了寻找婚姻的对象,和炫耀自己有男朋友或女朋友。在与异性交往中,要以健康的心态和明确的态度来彼此面对,要以诚相待,彼此信任,要注意分寸,只有这样才能保持同学之间的长久友谊。

四、认识性侵害

一般认为,只要是一方通过语言或形体的有关性内容的侵犯或暗示,从而给另一方造成心理上的反感、压抑和恐慌的,都可构成性骚扰。性侵害,主要是指在性方面造成的对受害人的伤害。性骚扰和性侵害是危害中职学生身心健康的主要问题之一。由于两性的社会地位和角色不同,相对而言,性骚扰和性侵害的对象常以女性为多。因此,女学生了解一些性侵害和性骚扰的基本情况、掌握一些基本对付方法,是很有必要的。

典型案例

某校女学生王某的高中同学来看她,在食堂吃饭时,她的同学认识该校的一名男同学于某,吃饭时,于某提出喝点酒,王某不慎喝醉,于某以送王某回宿舍为名,打车将王某带到一旅店,王某在醉酒状态下,被于某强行奸污。

某中职校女学生李某与男同学刘某在寝室内聊天至深夜11时(因放假李某一人在寝室居住),刘某提出借住一宿,李某默许,熄灯后,刘某窜至李某床前,强行脱拽李某内衣,李某不从,遭拳脚相加,致李某赤身夺门而逃,刘某被公安机关刑事拘留。

案例中,王某在交友的过程中,不深入了解对方,放松了自己的防范意识;被于某以喝酒为名灌醉,给于某可乘之机,造成自己终身悔恨。李某在与异性交往过程中,没有很好地把握交友的尺度,自我防范意识不强,引狼入室,如果李某在寝室居住时能再找到二名以上的女室友一同居住,或当刘某提出借宿时,态度坚决地表示反对,就能避免受到性侵害。

1. 性侵害形式

(1)暴力式侵害,是指侵害主体采取暴力手段、语言恫吓或利用凶器,进行威胁,对女同学实施性侵害的行为。暴力侵害的主体比较复杂,以社会上的犯罪分子混入校园进行强奸为目的,混入女生宿舍或校园内偏僻处伺机作案;也有的是以抢劫、盗窃为目的,见有机可乘或因受害人处置不当而发展为强奸犯罪;还有的是因恋爱破裂或单相思,走向极端,发展成为暴力强奸。这种方式对被侵害对象造成很大伤害,甚至死亡。

(2)流氓滋扰式侵害,是指社会上的流氓结伙闯入校园,寻衅滋事,或是某些品行不端正人员在变态心理的驱使下,对女同学进行的各种性骚扰。这些人对女同学的侵害方式,多为用下流语言调戏,以推拉撞摸占便宜,往身上扔烟头,作下流动作等。如在夜间,女同学孤立无援,或处置不当等情况下,也可能发展为暴力强奸或轮奸。

(3)胁迫式侵害,是指某些心术不正者,或是利用受害人有求于己的处境,或是抓住受害人的个人隐私、某些错误等把柄,进行要挟、胁迫,使其就范。

(4)社交性强奸,这种犯罪行为的主体多是受害人的相识者。因同学、老乡、邻居等关系与受害者有社会交往,却利用机会或创造机会把正常的社交引向性犯罪。受害人身心受到伤害后,往往还出于各种顾虑不敢揭发。

(5)诱惑型性侵害,是指利用受害人追求享乐、贪图钱财的心理,诱惑受害人而使其受到的性侵害。

2. 容易遭受性骚扰、性侵害的时间和场所

(1)夏天,是女学生容易遭受性侵害的季节。夏天天气炎热,女生夜生活时间延长,外出机会增多。夏天校园内绿树成荫,罪犯作案后容易藏身或逃脱。同时,由于夏季气温比较高,女生衣着单薄,裸露部分较多,因而对异性的刺激增多。

(2)夜晚,是女学生容易遭受性侵害的时间。这是因为夜间光线暗,犯罪分子作案时不容易被人发现。所以,在夜间女学生应尽量减少外出。

(3)公共场所和僻静处所,是女生容易遭受性侵害的地方。公共场所如教室、礼堂、舞池、溜冰场、游泳池、车站、码头、影院、宿舍、实验室等场所人多拥挤时,不法分子乘机骚扰女生;僻静之处如公园假山、树林深处、狭道小巷、楼顶晒台、没有路灯的街道楼边,尚未交付使用的新建筑内,下班后的电梯内,无人居住的小屋、陋室、茅棚等。若女生进入这些地方,由于人员稀少,极易遭受性侵害。

3. 容易遭受性骚扰、性侵害的人群

在性犯罪中,凡女性,无论老幼都有被侵害的可能,而以15~29岁的女性为主要侵害目标。中职女生多数年龄在15~19岁,正是青春年华,在年龄构成、身体条件、社会经验等多方面都是犯罪分子首选的性侵害对象。

五、中职女生性侵害的防范

(1)遵守校规校纪,加强自我防范意识,增强法律观念,做到知法、用法。

(2)培养坚强的意志品质和观察事物的能力,识别是非曲直,不要被花言巧语所蒙蔽,不要轻易相信结识的朋友。

(3)正确处理与异性交往的尺度(言语、动作),不要接受超过一般的馈赠,对过分的举动要明确表明自己的反对态度。

(4)尽量结伴出行,选择安全的时间、场所等环境。

①夜间行走要保持警惕。要走灯光明亮、往来行人较多的大道,如图4-15a)所示。对于路边黑暗处要有戒备,最好结伴而行,不要单独行走。如果走校外陌生道路,要选择有路灯和行人较多的路线。

a)夜间走路要走人多的大道

b)向陌生男人问路,不让其带路

c)不要穿过分暴露的衣服

d)不搭陌生人的车

图4-15 女生防性侵安全出行

②女学生外出时，最好结伴而行，遇有陌生男人问路，不要带路；向陌生男人问路，不要让他带路，如图 4-15b)所示。

③不要穿过分暴露的衣衫和裙子，短裙过膝，上衣要包肩、不低胸、不露腰；不要穿行动不便的高跟鞋，如图 4-15c)所示。

④不要搭乘陌生人的机动车、人力车或电动车，防止落入坏人圈套，如图 4-15d)所示。

(5)遇到不怀好意的男人挑逗，要及时斥责，表现出自己应有的自信与刚强。如果碰上坏人，首先要高声呼救，假使四周无人，切莫慌张，要保持冷静，利用随身携带的物品，或就地取材进行自卫反抗，还可采取周旋、拖延时间的办法等待救援。

六、遭遇性侵害的危险处理

(1)遇到性侵害时，首先要保持清醒的头脑，保持镇静，临危不惧。大义凛然、临危不乱的态度可以对罪犯起到震慑作用，使犯罪分子在心理上感到胆怯，从而退之。

(2)遇到性侵害时要有坚持反抗到底的信心，软磨硬泡，拖延时间，顽强抵抗。根据周围的环境选择摆脱、反抗、求救的办法。

(3)寻求适当机会和方式逃脱。例如可先假装同意，使犯罪分子放松警惕，然后趁他脱衣，使尽全力将他推倒，及时逃跑，并在逃跑时大声呼救。或者出其不意，猛击其阴部，使其丧失侵害能力，趁机逃脱。

(4)采取积极的防卫措施，利用身边的器物或日常生活用具防卫。当发生性侵害时，要想一想自己身上有无可以用作防卫的工具，如指甲钳、发夹等，观察周围的环境有没有可以利用的器物，如棍棒、酒瓶等，当受到侵害时，用其击打犯罪分子要害部位，如头、眼睛、关节等部位，使其丧失侵害行为的能力，趁机逃跑。

(5)遭遇陌生人侵害时，要努力记住犯罪分子的体貌特征，保护好现场及物证，及时报案，协助公安保卫部门侦查破案。

课堂实践

1. 谈一谈：自己对早恋的看法。
2. 如何防范被骚扰或性侵？

模块6　校园欺凌与暴力安全防范

学习目标

完成本模块学习后，你应能：

1. 认识校园欺凌与校园暴力，了解校园欺凌与暴力的原因分析；
2. 掌握校园欺凌与暴力的防范与应对。

建议课时

2 课时。

典型案例

2015 年 6 月 18 日，15 岁的某中学初三学生小鸿躺在病床上很痛苦，10 多天前的一个晚上，他在学校宿舍里遭到同班 3 名同学殴打，脾脏积血，无奈只能切除。小鸿平常住在学校宿舍。6 月 8 日晚上 8 时多，同班的 3 名同学夏某、林某、张某突然冲进宿舍，什么也没说对着小鸿就是一阵拳打脚踢。小鸿直接被打趴在地，同宿舍的舍友见状也不敢阻拦。对方施暴完毕还要威胁小鸿，让他不准告诉老师和家长，否则后果自负。次日，老师发现异常后将小鸿送往医院检查，并通知小鸿的家属。医生诊断出小鸿的脾脏积血严重，并对小鸿进行了脾脏切除手术。

这些校园欺凌事件在让家长和社会各方惊愕的同时，也不禁让人思考：是什么让处于花季的孩子成为施暴者和受害者？校园欺凌难道仅仅是孩子之间的问题，是否也是家庭与社会的病症？如何让欺凌远离学校、远离孩子？

校园欺凌是指发生在学生之间，蓄意或恶意通过肢体、语言及网络等手段，实施欺负、侮辱造成伤害的行为。此类案件不仅给被害者造成长期的心理阴影，甚至影响人格发展，施暴者也很可能滑入违法犯罪的歧途，严重影响未成年人的身心健康。

近年来，校园欺凌和暴力事件频发，且暴力行为逐渐呈现出低龄化、女性化趋势，应引起全社会广泛关注，如图 4-16 所示。

图 4-16　拒绝校园暴力

一、认识校园欺凌与校园暴力

1. 校园欺凌与校园暴力

(1)校园欺凌主要表现在欺负弱小的同学，令受害者在心灵及肉体上感到痛苦，如图 4-17 所示。校园欺凌通常都是重复发生，有持续性，而不是单一的偶发事件。校园欺凌不仅仅包括肉体上的折磨，还包括区别对待的软暴力，比如给同学取外号与喝骂、传播关于受害者的消极谣言和闲话等，较之前者，软暴力对学生的自尊心和性格的伤害更大。

图 4-17　欺负弱小同学

(2)校园暴力是指学校或校外附近地方发生的打架斗殴、侮辱谩骂等行为举止的事件,一般包括:学生暴力、老师暴力、校外暴力三种。校园暴力则不局限于学校范围,是突发的,性质也更为严重。

(3)欺凌与暴力行为的关系。学生欺凌虽不同于校园暴力,但二者存在一定的关系以及相互转化的可能性,两者之间的比较见表4-1。

欺凌与暴力行为的比较　　表4-1

比较维度	欺凌行为	暴力行为
关系	双方有一定关系	不一定
对象	基本固定	不一定
原因	无需原因	有原因
次数	重复性	不一定
目的	获得一时快感	不一定
伤害	直接或间接	直接
强弱	力量不对等	不一定

从防治学生欺凌与校园暴力的角度看,学生欺凌事件多数情况下属于教育范畴的事情,需应用教育的相关方法和规章进行处置;校园暴力事件多数情况下属于违反法律的范畴,需运用法律手段予以惩罚。

2. 校园欺凌与暴力行为的种类

(1)叫受害者侮辱性绰号,指责受害者无用,粗言秽语、吓骂;画侮辱画。

(2)对受害者的重复的物理攻击(身体或物件),拳打脚踢、掌掴拍打、推撞绊倒、拉扯头发等。

(3)干涉受害者的个人财产、教科书、衣物等,或通过他们嘲笑受害者。

(4)欺凌者明显地比受害者强,而欺凌是在受害者未能保护自己的情况下发生。

(5)传播关于受害者的消极谣言和闲话,或在网上发表具有人身攻击成分的言论。

(6)恐吓、威迫受害者做他或她不想要做的,威胁受害者跟随命令。

(7)让受害者遭遇麻烦,或令受害者招致处分。

(8)中伤、讥讽、贬抑评论受害者的体貌、爱好、宗教、种族、收入水平、国籍、家人或其他。

(9)分派系结党,孤立或排挤受害者。

(10)敲诈、强索金钱或物品。

3. 校园欺凌与暴力案件的特点

一般来说,如果一个学生没融入一个群体,或者融入多个群体,在其他学生眼里跟别人不一样,或者成长背景不一样等,都可能成为被欺凌的对象。这其实更多是个体和群体之间的关系问题。性格比较内向、孤僻的学生相对来说可能更容易遭受欺凌,还有一些相对弱势群体:残疾人、女性、单亲,像这样的学生特别容易受到欺负。总之,校园欺凌和校园暴力行为,违法与犯罪交织情况较为复杂。从校园发生的诸多案件情况来看存在以下特点:

(1)涉案罪名相对集中。主要集中在故意伤害、寻衅滋事、抢劫、聚众斗殴等几类,其中伤害类和侵财类案件所占比例较大。

(2)在涉案主体方面。性别上,校园暴力以男生为主,近几年,女生涉及群体暴力伤害犯罪，成为新的增长点。

（3）作案手法上。作案动机的简单性和突发性明显，拉帮结派，恃强凌弱现象较为突出，以陕西省西安市临潼区检察院所办案件为例，因碰撞、口角、玩笑、甚至眼神、微小日常摩擦案件引起的纠纷占48.6%，经济感情纠纷占37.5%。

二、校园欺凌与暴力给学生带来的危害

校园欺凌，在很多人的心里都留下很深的烙印，这种不良影响不仅仅体现在受害者身上，也给施暴者的心灵成长和社会前途中增添了大量的阻力。

（1）对于施暴者而言。给他人带来伤害，要承担医疗甚至赔偿费用，要受到学校老师的严肃批评教育，甚至无法继续完成学业。他们的行为很难获得社会（主要是家庭和学校）的认可，那些常在学校打架，特别是加入到暴力帮派的学生，很多最终都走上了犯罪道路，如图4-18所示。

图4-18　打架所付出的代价

（2）对于受害者而言。带来肉体损伤，甚至残疾，容易造成性格懦弱、自卑，缺乏信心和勇气，造成心灵的阴影和伤害，甚至厌学辍学。

（3）对围观者的危害。事件中的围观者也是受害者，无论是哪一类型的围观者（协助、附和、旁观）都会同样因受到欺凌行为的刺激而产生不良心理反应。

（4）对学校氛围及家庭和社会的危害。欺凌或校园暴力现象与创建和谐文明的校园环境相冲突，影响正常教学秩序，导致部分学生对学校产生消极态度和行为，失去学习兴趣，影响风气；另外，它还破坏家庭环境，危害社会安定，形成不良社会风气。

三、校园欺凌与暴力的原因分析

为什么这些正值青春年少，原本天真烂漫的中职学生会有如此频繁的欺凌行为？为什么会在校园这片神圣的净土出现如此严重的欺凌现象？校园欺凌事件之所以成为频发的“世界性”社会问题是有其复杂的成因的。

1. 个性张扬中的偏狭、自私与冷酷

相当多的家长越来越困惑于读不懂自己的孩子。孩子越大，接受的知识越多，和家长间的隔阂往往就越深。其实这种隔阂的焦点就是两种不同价值取向的相互冲突，由于现代生活节奏的加快和压力的增大，使得大多数的家长，会通过物质或其他途径补偿的方法，以此

求得自己内心的平衡。

2. 万千宠爱集一身的价值取向错觉

在相当的学生中，家庭的呵护备至，使孩子的心中充满了自我中心的思想意识。其价值取向也就滑入了错觉的泥沼中，这种错觉养成了他不能承受任何轻视嘲笑，更不能承受肉体和精神伤害的脆弱心理。而一旦这种伤害成为了事实之后，他们总会或是无法应对、躲避退让，最终成为忍气吞声的受害者，或是恼羞成怒、愤然出击，选择他们认为最好的“江湖方法”来解决问题。

3. 教育惩戒功能丧失后的放纵

教育永远都不是万能的。失去了必要的惩戒功能后的校园，一些原本收敛的恶行便都敢于公开表现出来，这些校园病毒又相互感染，使得原本健康的校园变得混乱。

4. 对强权政治、黑恶势力、暴力游戏与灰色文学的认同与崇拜

相对于书本的说教，游戏和影视文学以其鲜明生动的形象特征，在更宽广的思想空间下，严重影响甚至左右青少年的道德和价值评判体系。暴力游戏的快意杀戮，文学影视的黑社会形象，在青少年心底播种的就是一种根深蒂固的对邪恶的认同和膜拜。

四、校园欺凌与暴力的防范与应对

校园欺凌根在心灵、责在家庭、学校和社会。因此治理校园欺凌，终结校园暴力，发挥教育的职能作用必不可少。除了国家、家庭、学校和社会在防治校园暴力方面的努力外，作为当事人的学生，一是要树立安全法制意识，绝不做校园欺凌与暴力的施暴者或者帮凶；二是要学会自我保护，加强安全防范，不去做被欺凌的对象，并学会受欺凌时的灵活应对之策。

1. 校园欺凌与暴力的防范

(1) 自尊自信，培养健全的人格。在遭遇校园欺凌的学生中，普遍存在“自卑”“低自尊”的特点，所以学生为了避免“被欺凌”，首先要培养自尊、自信的人格，壮大自己的气场。另外，自大、自私的性格也容易招人“看着不爽的”报复，同学们要提高自己的修养。

(2) 与同学友好相处，如图 4-19 所示。在学校要与同学友好相处，多交些朋友，平时和同学或校友交往中不要过于争强好胜，说话不要过于绝对或太冲，给自己给别人都留点面子。遭遇故意挑衅时，要懂得周旋和巧妙化解，逮着机会就跑，如图 4-20 所示。

图 4-19　与同学友好相处

(3) 加强体育锻炼，练就强壮的体魄。身体弱小的同学、内向的同学都容易招欺负，可以培养一些体育爱好，一方面可以强身健体，一方面可以通过运动结交好朋友，有朋友的陪伴就不容易被欺凌。

(4) 外出尽量结伴。外出尽量乘坐正规车辆，和同学结伴回家，不走小路、近路、潜在危险的路段，不单独在厕所、校园僻静的角落。

(5)携带防身用品。如果以前有遭遇过校园欺凌或威胁的经历，为防止再受打击报复，可以携带防身用品，女同学尽可能随身携带，不仅可以防范校园欺凌，也能预防社会上的不良侵害。

图 4-20　面对校园欺凌大声说出来

2. 校园欺凌与暴力的应对

(1)独自面对时，一个人遇到突发霸凌状况，要尽快走开。通常施暴者只是借机发泄不快，如果你没有反应，对方往往不会再纠缠。如果对方突然出手或者追逐，立刻向最近的人群奔去。如果实在不能避开，气势上不能软弱，施暴者总选那些看上去比自己弱的人下手，目光要坚定，保持沉着冷静，腰杆也要挺得笔直，传递出“我也不好惹”的信息，或者直接告诉对方“你这样做是不对的，老师知道了会批评你的”。

(2)大声说出来，如图 4-20 所示。如果已经遇到校园霸凌，要勇敢地向老师、学校或权威部门反映，告诉他们施暴者是谁、他们具体做了什么、在哪里、什么时候、持续多久了、对自己造成了怎样的困扰等。当你觉得校园欺凌已经威胁到你的人身安全，那你必须说出来；如果相关部门迟迟没有回复，试着向其他权威机构求助。这听起来很复杂，但是只要坚持不懈，问题就能解决。向父母倾诉，或许你会担心他们反应过激，但是他们依旧是最愿意帮你的人。

(3)调整好自己的情绪。遭遇霸凌并且克服它带来的伤害并不是一桩简单的事情，所以如何摆脱校园暴力带来的心理阴影是每一个受害者都需要面对的困境。尽量尝试着表现得和平常一样，自嘲和幽默的调侃会减弱不安的情绪，或者跟自己信任的人积极交流。要把注意力放在个人和情绪管理身上，罗列出积极的目标，并且努力实现他们，这样带来的成就感会增加你的底气。

教育的实质，其实就是用心灵影响心灵。避免校园欺凌与暴力，需要老师、家长与学生之间，从内心深处尊重彼此、珍惜彼此，校园才会真正成为被美好和希望浸润的地方。

课堂实践

1. 说一说：身边曾经因校园欺凌或实施校园暴力受到惩治的案例。
2. 如何防范校园欺凌或校园暴力？

模块7 心理健康与心理障碍调适

学习目标

完成本模块学习后,你应能:

1. 明确健康及心理健康的标准;
2. 会对常见心理障碍进行调适。

建议课时

2课时。

典型案例

【家庭原因造成的心理障碍】 职校学生乔某,10岁时父母离异,中学读书时受家庭环境影响,学习成绩一直不好,入读该职校后,与班里的同学不大来往,平时很少说话,同时他对周围的同学都怀有一种戒备的心理,别人在一起说话,他认为是在说他的坏话,几个人在一起说笑,他认为是在耻笑他。久而久之,形成一种病态心理,同学们对他也越来越疏远。后来在学校心理咨询教师的帮助下才有所好转。

随着国民经济的高速发展,人们的生活节奏随之加快,人们面临的求学、就业、发展等方面的问题也日益突出,相应的心理负担也越来越重,中职学生的生活、学习中除了快乐也经常伴随着焦虑、不安和暴躁。因此,增强自身的心理调适能力,保持心理健康,促进人格的健全发展,在当前已显得十分必要。

一、健康与心理健康

1. 健康的定义

世界卫生组织(WHO)指出,健康的定义包括:躯体健康、心理健康、社会适应良好、道德健康四个方面。

2. 世界卫生组织提出的十条健康标准

(1)有充沛的精力,能从容不迫地应付日常生活和工作压力而不感到过分紧张。

(2)态度积极,乐于承担责任,不论事情大小都不挑剔。

(3)善于休息,睡眠良好。

(4)能适应外界环境的各种变化,应变能力强。

(5)能够抵抗一般性的感冒和传染病。

(6)体重得当,身体均匀,站定时头、肩、臂的位置协调。

(7)反应敏锐,眼睛明亮,眼睑不发炎。

(8)牙齿清洁无空洞,无痛感,无出血现象,牙龈颜色正常。

(9)头发有光泽。

(10)肌肉和皮肤富有弹性,走路轻松匀称。

由此可见,健康是生理健康与心理健康的统一,二者是相互联系,密不可分的。当人的生理产生疾病时,其心理也必然受到影响,会产生情绪低落、烦躁不安、容易发怒,从而导致心理不适;同样,长期的心情抑郁、精神负担重、焦虑的人也易产生身体不适。因此,健全的心理与健康的身体是相互依赖、相互促进的。

3. 当代中职学生理健康的标准

WHO 指出:“健康的一半是心理健康!”心理健康是指一种和谐的、有序的、平衡的心理状态,如图4-21 所示。中职学生的年龄一般在15~19岁,从心理专家的观点来看,我国当代中职学生应具有以下几方面的心理健康标准。

(1)智力正常。智力正常是中职学生学习、生活、工作的最基本的心理条件,也是适应周围环境变化所必需的心理保证。因此衡量时,关键在于是否正常地、充分地发挥效能:即有强烈的求知欲,乐于学习,能够积极参与学习活动。

图4-21 心理健康的标准

(2)情绪健康。其重要标志是情绪稳定和心情愉快,情绪在心理健康中起核心作用,情绪异常往往是心理疾病的先兆。

(3)意志健全。意志是一种心理过程,一个意志健全的人在行动的自觉性、果断性、顽强性、自制力等方面部表现出较高的水平。

(4)人格完整。心理学所说的“人格”与我们平时说的“人格”在内涵上有所不同,心理学上的人格是指一个人比较稳定的心理特征的总和,包括气质、性格、能力、兴趣、爱好、需要、理想、信念等,也就是我们常说的个性。人格完整就是个人所想、所说、所做的都是协调一致的。

(5)自我评价正确。正确的自我评价是中职学生心理健康的重要条件,对自己的认识比较接近现实,有自知之明,摆正自己的位置,正视现实,积极进取。

(6)人际关系和谐。良好而深厚的人际关系表现为乐于与人交往,在交往中保持独立而完整的人格,积极的交往态度多于消极态度,交往动机端正。

(7)适应能力强。和社会保持良好的接触,对周围事物和环境能做出客观的认识和评价,以有效的办法对应环境中的各种困难,还要根据环境的特点和自我意识的情况努力进行协调。

(8)心理行为符合年龄特征。心理健康的中职学生应有独立的生活能力、意志坚定、心理生活充实,对因家境、地域、病患、个人能力与努力等原因导致的各种差异能正确看待。

心理健康是较长一段时间持续的心理状态,一个人偶尔出现的一些不健康的心理行为并不意味这个人就一定是心理不健康。而且心理健康状态并非是固定不变的,而是不断变化的,既可以从不健康转变为健康,也可以从健康转变为不健康。以上心理健康标准,反映了中职学生个体良好地适应社会生活所应有的心理状态的一般要求,为人们指出了提高心理健康水平的努力方向。

二、常见心理障碍调适

从普通中学到中职学校,从依赖父母到独立生活,从无须为生活烦心到面对就业压力,同学们面临的环境变化是较大的。总结起来有以下几点:第一是生活环境的改变,第二是学习环境的变化,第三是人际关系的变化。

图 4-22 中职学生的压力

现在的学生由于受到来自长辈的过分关爱,依赖性强,生活自理能力差,难以顺利适应学校的集体生活。由于缺乏集体生活的磨炼、社会生活经验比较少、社会认知方式不够合理,往往对社会现象缺乏理智的判断,分不清哪些是对的或错的,哪些事情对自己人生发展来讲是重要的,面对快速多变、纷繁复杂的社会,他们感到困惑或无所适从,如图 4-22 所示,面对生活和学习环境的变化,必须学会积极的适应。

1. 学习心理障碍调试

入校后,由于生活环境、学习环境、人际关系改变以及学习内容的改变,造成了学习心理的困惑。例如,学习动机缺乏而引发厌学情绪或学习动机过强而引发焦虑情绪,从而产生对学习的惧怕、厌倦、焦虑、紧张等心理障碍。

(1) 树立"行行出状元"的成功意识,如图 4-23 所示。社会上有一些人鄙视学历不高的人,一心想让自己孩子考名牌大学。然而在德国、加拿大等发达国家,职校毕业生就业好,薪酬也比普通教育高出很多。现在在国内很多大学毕业生为了更好地择业,让自己所学的专业知识有更强的实用价值,都选择回职校再回炉学习,因此不管自己的学历是低还是高,只要认真学好自己的专业知识,让自己掌握一手过硬、扎实的技术,才是最重要的。

(2) 树立正确的学习态度。树立积极主动的学习态度是同学们走向成功的基石,第一,要端正学习动机,让学习由被动变为主动;第二,要养成良好的生活习惯,树立勤奋刻苦、严谨求实的学习习惯;第三,要提高自我认知和自我控制能力。

图 4-23 "时代楷模"徐立平

(3) 正确处理知识与技能的关系。职校要处理好理论知识与职业技能的关系,还要处理好职业知识与其他知识的关系,比如对环境适应能力、职业忠诚感、责任意识和诚信意识等。

(4) 自我激发学习动机。也许同学们在进入学校前可能听到:"现在大学生找工作都难,读职校更没有多大出息"。殊不知,最近几年来职校的就业率一直比本科院校高得多。因此同学们应该及时克服种种偏见和错误认识,放下思想包袱,激发起深藏在自己心底的学习动机,把握每一个学习的机会。只要同学们能够逆风前行,并付出实实在在的努力,便一定会实现自己的梦想!

（5）养成良好的学习方法。学习习惯和学习方法对一个人的成功学习是非常重要的。珍惜时间，今日事今日做，学会自我监控，合理利用学习资源，重视技能学习，多练习、多钻研、多实践。

2. 同学交往心理障碍调适

人际交往是人的基本需要，也是促进人的心理健康的重要手段，很多职校学生由于年龄较小，阅历不多，在与同学交往中关系处理的不够融洽，形成严重的心理障碍（图4-24），有的害怕与同学产生冲突，有的怕别人嫉妒，有的怕别人看不起，有的怕别人对自己产生这样那样的想法，因此自己把自己孤立起来、封闭起来。

图4-24　不正常的同学交往

（1）正确评价自己和他人。同学们在学习生活中经常会把自己和他人进行比较，以此来审视自己，这种做法无可厚非。但是，在与他人进行比较时，要选择恰当的标准进行客观的比较。

（2）保持积极健康的交往情绪。人与人之间的吸引和排斥主要取决于双方情感上的接近或疏远，同学们要认识到情绪情感对于人际交往和身心健康的重要影响，学会调节控制不良情绪，学会合理转化消极情绪，在交流中更加理性、忍耐和克制，提高心理相容水平和亲和力。

（3）以诚相待，养成良好的个性品质，提高人格魅力。在人际交往中以真诚、平等、友善、理解、宽容和合作的态度处理各方面的关系，提高自己的人格魅力。

（4）不卑不亢，平等交往。尊重他人，才能要求别人尊重自己。在与他人进行交往时，要把双方放在平等的位置上，既不能觉得低人一头，也不能高高在上。

（5）求同存异，宽容为怀。与人交往时，既不能用一种标准去要求他人，也不能太苛求他人。交往是双向的，所以宽容他人就等于是在宽容自己。多交流，深入了解各自的性情爱好和价值观念，这样才不至于在出现问题后无端猜疑，引发不必要的纠纷。

（6）诚实信用。“君子一言，驷马难追”，许诺别人的事就要履行，这是信用原则的重要表现。但该许诺的许诺，不该许诺的就不要许诺，要量力而行，许诺过的就一定要兑现。

（7）真诚互助。助人乃快乐之本，但关键要出于真诚。互助是一种崇高的道德力量，是纯洁友谊的内容，互助要注重双向性、互利性，不能只索取不给予，但也不能只给予不索取，因为这两种做法要么让对方觉得自己被人利用，要么会觉得给予是有企图的。

（8）学会换位思考。同学之间发生冲突，常见的是大家各持己见的争吵，都没听进对方所说的有理的话，虽然冲突双方会被劝开，但双方都憋着一口气，这种情绪如果不能及时解释,就会影响双方的关系及双方的心理健康。因此,在认识上要做到换位思考,站在对方的立场来考虑问题。

(9)加强沟通,摆脱孤独。同学们的年龄都还比较小,文化知识和生活阅历有限,人际交往能力与技巧还需提高,有时不能把握好与同学之间的关系是正常的。因此,同学之间平时要多进行沟通,经常在一起谈谈心,充分地表达自己的思想,让大家了解自己的个性和特点,在同学心目中树立自己的良好形象。总之,沟通、交流可以帮助自己建立良好的同学关系,也可以使你在与同学交往中获得知识与信息,这对将来的职业发展都有好处。

3. 贫困生的心理障碍与调适

改革开放以来,我国经济、社会得到迅速而全面的发展,人们的生活水平大幅度提高。然而,辩证法告诉我们,任何事物都不是绝对的,人们的先富后富以及富裕程度也是不同的。中职校园里贫困生问题依然存在,并且引起了各级政府和有关部门的高度关注,在学校,由于其特殊的家庭环境和生活条件,贫困生的心理障碍问题也表现得更加突出,如图 4-25 所示。

图 4-25 贫困生要避免自卑

(1)自我心理脱贫。现实越来越让人们懂得,真正的贫困是缺乏技术、缺乏信息和获取信息的手段,懂得拥有技术和运用技术的能力就是财富,并且是人生最可宝贵、永不枯竭的财富。贫困生现在虽然面临着物质上的贫困,但已经站到了获取精神财富道路的起点,要百倍珍惜机会,利用现有条件去改变自己的未来命运,努力消除自卑,增强自信、自立、自强意识,培养自己吃苦耐劳的品质和社会生存能力,用技术和能力来丰富和武装自己。请记住这样一句话:谁也不愿意遭受磨难,而磨难又是人生最好的老师。

(2)加强人际交往。贫困生从心理上希望加强人际交往,但又害怕受到心理上的歧视。作为贫困生,一定要克服这种心态,要积极的对待人生,积极地看待生活中的一切,要在心理上采取积极、进取的应对方式,多与同学交流,多参加集体活动,把真实的自我展现在大家面前,换取同学们的理解和帮助。

课堂实践

1. 关于健康与心理健康的标准,你能说出几条?
2. 说一说自己遇到过哪些心理障碍,如何进行调适的?

第五单元　典型安全知识与危险处理

安全是不容忽视的问题，人人都应该把安全牢记在心。可是往往有很多人不把安全当回事，将安全问题抛在脑后，由此导致了很多安全事故，给人们留下了血的教训。作为中职学生，一方面要善于从相关典型安全事故案例中吸取经验教训，时刻紧绷安全这根弦，警钟长鸣，居安思危，彻底摆脱各种危险和不安全因素的影响；另一方面，必须了解和掌握相关遇险处理知识，才能在危险发生时及时脱离危险，保障自身安全。

模块 1　用电安全知识与危险处理

学习目标

完成本模块学习后，你应能：

1. 了解触电对人体的伤害；掌握安全用电的注意事项；
2. 会采取相应措施对触电者进行急救。

建议课时

2 课时。

典型案例

2013 年 11 月 14 日早晨 6 时 10 分，某学校一个学生宿舍发生火灾，火势迅速蔓延导致烟火过大，其中 4 名女生在消防队员赶到之前从 6 楼宿舍阳台跳楼逃生，不幸全部遇难。火灾事故原因是：宿舍内头天晚上使用“热得快”烧水，停电后没有拔下插头，第二天早晨宿舍来电后因电流过大引发“热得快”过热并将周围可燃物引燃所致。

2011 年 11 月 13 日下午 5 时，贵州某校在外实习女生曾某，在出租房内洗澡时突然发出一声惨叫，和她同住的两名室友听到惨叫声后，立刻跑去敲浴室的门，门内无人应答，她们把门敲了个小洞，就看到曾某躺在地上，人还在抽搐，热水器的插头没拔。曾某的姐姐说，事发后，曾某的两位室友先后拨打了医院的急救电话和报警电话，但当医生赶到出租房时，曾某已没了气息，两位室友透露，此前她们在洗澡时也发生过触电事件。

以上两起事故都是因违章用电或使用电器不当造成的火灾事故，事故发生后，当事人或他人又没能及时有效地进行危险处理，令人痛心。但是，现实中类似事故举不胜举，我们又该从中吸取哪些方面的教训，避免新的灾害事故发生呢？

随着电能越来越广泛的应用，随之而来的安全用电知识正在被越来越多的人作为基本常识来掌握。如果没有安全用电的常识，不仅不能有效地将电能应用于人类，而且还会造成停电、电器损坏、引发火灾、触电等事故。在此，我们主要讲述生活、学习中有关触电及安全用电的相关知识。

一、触电对人体的伤害

触电，是指电流以人体为通路，使身体一部分或全身受到电的刺激或伤害。触电分为电击和电伤两种。

电击是指电流使人体内部器官受到损害。电击危险性最大，也是经常遇到的一种伤害。电伤是指因电弧或熔断丝熔断时，飞溅的金属屑对人体外部伤害，如烧伤等。电伤的危险不像电击那么严重，但也不容忽视。

触电对人体的伤害程度取决于通过人体电流的大小。一般情况下，规定36V以下为安全电压，对潮湿地面或井下安全电压的规定更低，如24V，12V。

二、触电的原因、方式

1. 触电的原因

触电的原因很多，通常可归纳为三种，见表5-1。

触电的原因　　表5-1

序号	图示	说明
1	  暂停用电　小心触电　违章操作	忽视安全，违章操作
2	 电线上晾衣服 　机壳没有接地 　电视天线与电线接触	缺乏安全用电的基本常识

续上表

序号	图示	说明
3	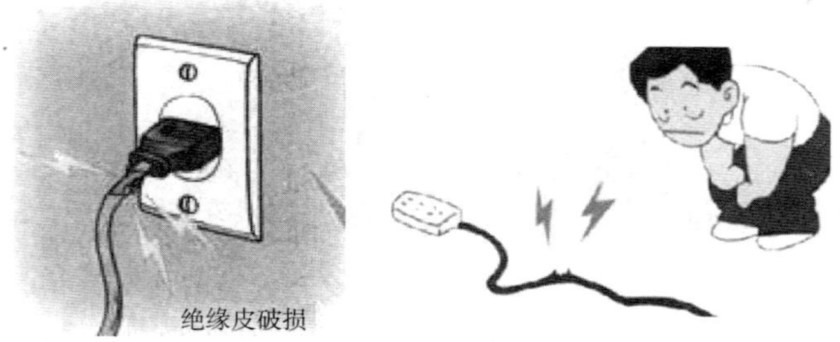 绝缘皮破损	输电或电器绝缘损坏,人体无意间触及带电裸露导线或电器金属外壳

2. 人体触电的形式

人体触电的形式,见表5-2。

人体触电的形式 表5-2

序号	触电形式	图示	说明
1	单相触电	 火线	人体在无绝缘的情况下,直接或间接触及三相相线中的任何一相,称单相触电。生活中,当中点为接地系统,人体将承受220V电压
2	相间触电	 火线 零线	当人体与大地绝缘时,人的双手或其他部位同时触及两根不同的相线,形成相间触电
3	跨步电压触电		当带电设备发生某相接地时,接地电流流入大地。在距接地点不同的地面呈现不同电位,距接地点越近,电位越高。当人的两脚同时踩在带有不同电位的地面两点时,就引起跨步电压,当电压超过人体的安全电压时,人就会触电

续上表

序号	触电形式	图　示	说　明
4	触电实例：接触触电		当设备外壳带电，人站在设备四周，手触及外壳，在人的手与脚之间承受一个电位差，当其电位差超过人体安全电压时，人就会触电

三、触电急救

触电急救，应坚持迅速、就地、准确、坚持的原则。在校园或家中，当有人触电（低压触电）时，可按照以下步骤对其进行急救。

1. 脱离电源

触电急救，首先要使触电者迅速脱离电源，越快越好。因为电流作用的时间越长，伤害越重。脱离电源，就是要把触电者接触的那一部分带电设备的开关、刀闸或其他短路设备断开，或设法将触电者与带电设备脱离。在脱离电源时，救护人员既要救人，也要注意保护自己。触电者未脱离电源前，救护人员不准直接用手触及伤员，因为有触电的危险。让触电者脱离电源的具体方法见表5-3。

低压触电者脱离电源的方法　　表5-3

序号	图　示	说　明
1	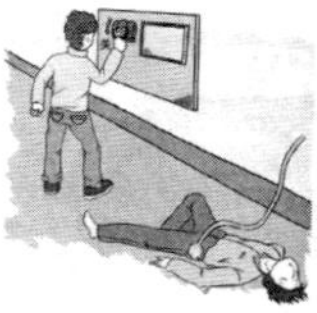 	拉：拉开电源开关（刀闸）或拔除电源插头
2	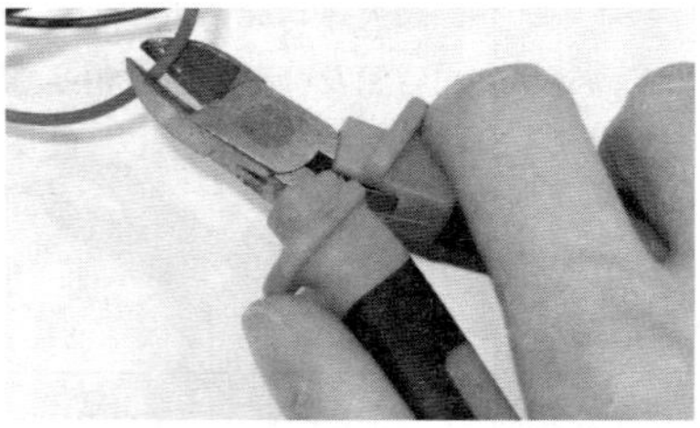	切：用带有绝缘柄的利器（如电工钳）切断电源线
3	 先把电线挑开再救！	挑：如不能切断电源，救助者可穿上胶鞋，戴上胶手套，用干燥的木棒、竹竿等绝缘物挑开电线；如果没有胶鞋和胶手套，最好站在一块干木板或木凳上，切忌在没有切断电源的情况下用手、脚或身体其他部分触碰伤者

续上表

序号	图　　示	说　　明
4	 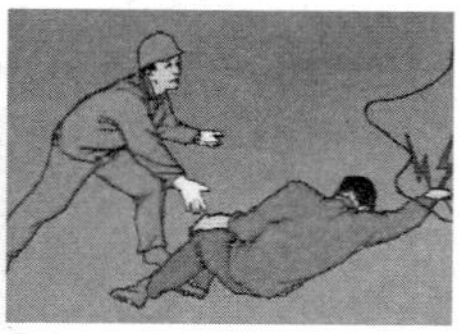	拽:可抓住触电者干燥而不贴身的衣服,将其拖开,切记要避免碰到金属物体和触电者的裸露身躯
5	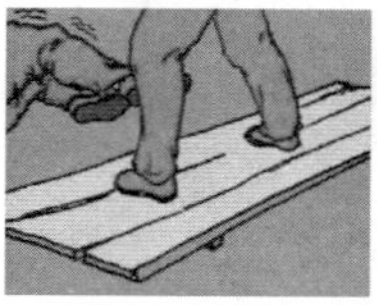 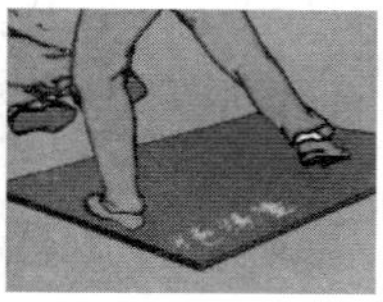	垫:如果电流通过触电者入地,并且触电者紧握电线,可设法把触电者放置于干木板或绝缘垫上,与地隔离
备注:使触电者脱离电源,救助者最好用一只手进行		

2. 伤员脱离电源后的处理

伤员脱离电源后伤情判定及处理见表5-4。

伤员脱离电源后伤情判定及处理　　表5-4

序号	伤情判定及处理	图　　示
1	触电伤员如果神志清醒:应使其就地躺平,严密观察,暂时不要站立或走动	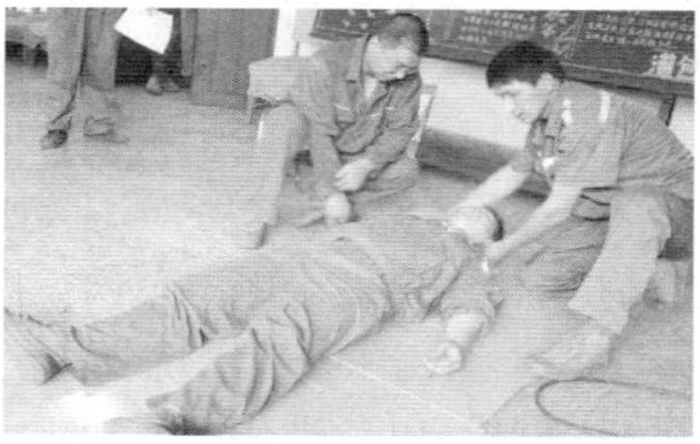
2	触电伤员如果神志不清:应就地仰面躺平,且确保气道通通畅。并用5s时间,呼叫伤员或轻拍其肩部,以判定伤员是否意识丧失。禁止摇动伤员头部呼叫伤员	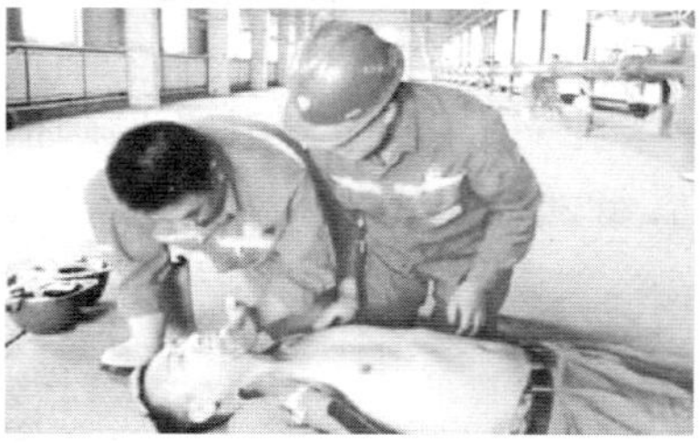
3	需要抢救的伤员:应立即就地坚持正确抢救,并设法联系医疗部门接替救治	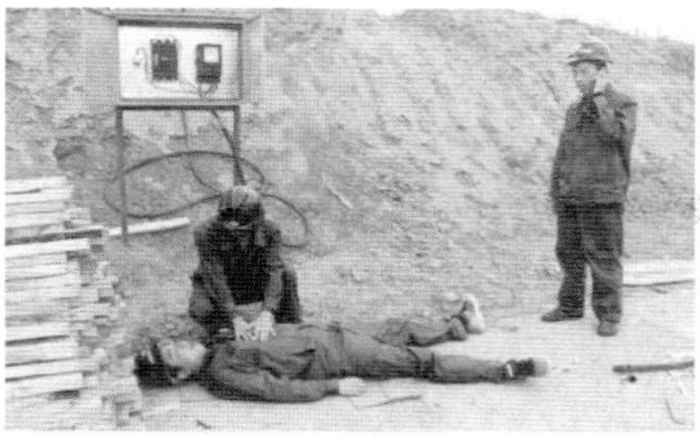

续上表

<table>
<tr><th>序号</th><th colspan="2">伤情判定及处理</th><th>图　示</th></tr>
<tr><td rowspan="4">备注</td><td rowspan="3">呼吸、心跳的判定：触电伤员如意识丧失，应在10s内，用看、听、试的方法，判定伤员呼吸心跳情况</td><td>看：看伤员的胸部、腹部有无起伏动作</td><td rowspan="3"></td></tr>
<tr><td>听：用耳贴近伤员的口鼻处，听有无呼吸音</td></tr>
<tr><td>试：面感口鼻有无呼气的气流。同时用食指和中指试喉结旁凹陷处的颈动脉有无搏动，两侧各5s</td></tr>
<tr><td colspan="2">若看、听、试的结果是既无呼吸又无颈动脉搏动，可判定呼吸心跳停止，应立即进行心肺复苏</td><td>（具体见第五单元　模块8）</td></tr>
</table>

四、生活安全用电注意事项

（1）各种家用电器用途不同，使用方法也不同，一般的家用电器应当先熟知说明书的“使用要求”或在家长、老师的指导下学习使用，对危险性较大的电器则不要自己独自使用。

（2）使用中发现电器有冒烟、冒火花、发出烧焦的异味等情况，应立即关掉电源开关或拉闸。

（3）电吹风机、电熨斗、电暖器等电器在使用中会发出高热，应注意将它们远离纸张、棉布等易燃物品，防止发生火灾，同时，使用时要注意避免烫伤，使用完毕后要及时切断电源。

（4）要避免在潮湿的环境（如浴室）内使用电器，更不能使电器淋湿、受潮，这样不仅会损坏电器，还会发生触电危险。

（5）电风扇的扇叶、洗衣机的脱水筒等电器在工作时是高速旋转的，不能用手或者其他物品去触摸，以免受伤。

（6）遇到雷雨天气，要停止使用电视机，并拔下室外天线插头，防止遭受雷击。

（7）家用电器长期搁置不用，容易受潮、受腐蚀而损坏，重新使用前需要认真检查。

（8）选用的家用电器必须质量可靠，安全指标符合标准，不要图便宜而购置不合格的电器，特别是部分学生购置的吹风机、插排（图5-1）、万能充电器等。

万用孔(旧国标孔)　　新国标组合插孔

图5-1　万用孔插座与合格插座对比

（9）要用正确的方法安装电器，必须接地线的电器要使用三孔电源插座，热水器、洗衣机等家电最好安装合格的漏电保护装置。

（10）为防止日常触电事故的发生，不要用湿手触摸电器，不要在湿的地方摆放电器，移动电器（如落地灯、计算机等）时，要先切断电源。

（11）不要在一个插座上插用许多电器（图5-2），并要计算一下插座的额定功率是否与电器匹配，经常检查家中的电器接线是否破损，是否需要修理更换，家电周围不能堆放易燃杂物。

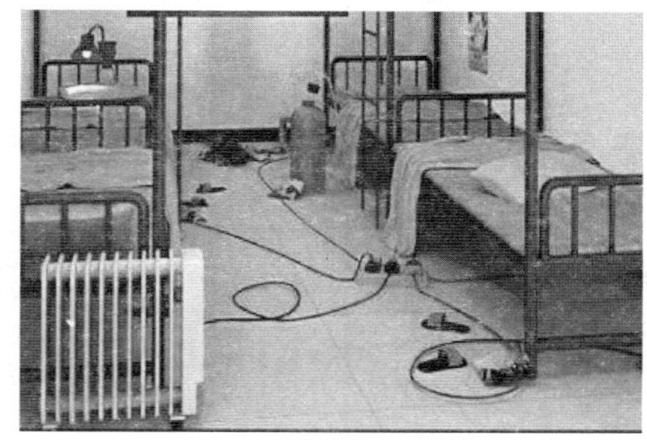

图 5-2　禁止多台大功率电器共用一个插排

(12) 人走断电、用毕断电，雷雨天不要使用接插室外天线的电视机。

(13) 电器应与墙壁及两侧物品保持一定距离，以利通风散热；要注意保持电器清洁，因为电动机、压缩机、风扇及线圈上积落的尘埃、棉线是引起火灾的主要原因。

(14) 电器使用完毕后应拔掉电源插头，插拔电源插头时不要用力拉拽电线，以防止电线的绝缘层受损造成触电，如电线的绝缘皮剥落，要及时更换新线或者用绝缘胶带包裹好。

(15) 不随意拆卸、安装电源线路，有必要时，要先关断电源，并在家长或老师的指导下按照电器线路图进行，如日常照明灯具电源开关应接在相线上。

(16) 给手机、笔记本式计算机等充电时，要用标配充电器，要放置在通风良好、远离易燃物且底座稳固的地方，最好安装定时装置，避免超长时间充电，如图 5-3 所示。

(17) 任何电器在确认无电前，应一律视为有电，不要随意接触；判断电器或线路是否带电，必须在家长或老师的指导下用验电器判断（如 250V 以下可用测电笔），禁止用手触摸或用导电物（如铁丝、钩子、别针等金属制品）去接触、探试电源插座内部、插头等。

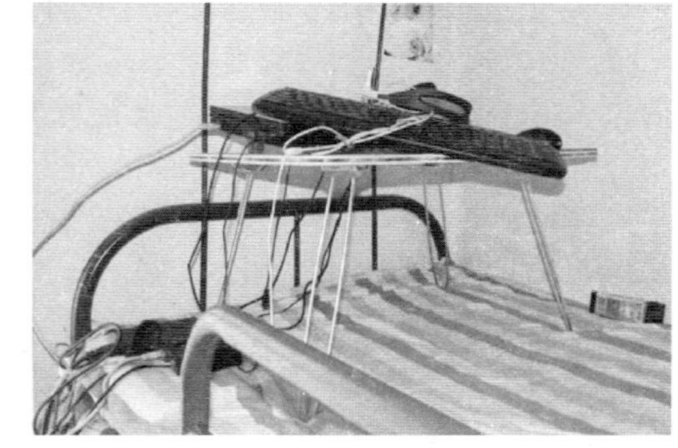

图 5-3　学生宿舍用电隐患

(18) 不轻信开关或控制装置，断路保护器要按要求进行测试。

(19) 电器或电线失火时，必须首先切断电源后再救火，并及时报警；在带电状态下，一般用黄沙、二氧化碳灭火器和 1211 灭火器进行灭火，禁止用水、泡沫灭火器进行灭火。

(20) 发现有人触电时，应首先使触电者脱离电源，然后再进行救治。

总之，安全用电的原则就是：不接触低压带电体，不靠近高压带电体；同时还应警惕：本来不应带电的物体带了电，本来是绝缘的物体导了电。

课堂实践

1. 触电的方式有哪几种？说说如何进行触电急救？
2. 结合身边，谈谈安全用电有哪些注意事项？安全用电的原则是什么？

模块2　逃生安全知识与危险处理

学习目标

完成本模块学习后，你应能：

1. 认识逃生安全指示标志，正确选择逃生路线；
2. 掌握火灾、地震等突发情况下安全逃生的步骤和方法；
3. 掌握突发情况下的逃生自救技巧。

建议课时

2课时。

典型案例

2008年11月14日早晨6时10分左右，上海某学校一学生宿舍发生火灾，火势迅速蔓延导致烟火过大，其中4名女生在消防队员赶到之前从6楼宿舍阳台跳楼逃生，不幸全部遇难。2007年1月11日，东北某大学研究生宿舍2舍一楼发生火灾，浓烟将11层高的整个宿舍笼罩，百余间寝室的500余名学生被困。在浓烟威胁下，大部分学生采用湿毛巾捂住口鼻、弯腰逃生等方式自救，但仍有个别学生因受不了浓烟的熏呛准备跳楼。危急时刻，在消防队员制止下，这几名学生最终被送至安全地带。

2011年3月11日，一场特大的地震侵袭了日本东北地区，这场在日本记载以来唯一达到里氏9级的地震随后便引发了一场极具毁灭性的巨大海啸，吞噬了许多沿海城镇。在众多沿海城市中，遭到重创的就是日本岩手县釜石市，仅这一个城市就有上千人死亡或失踪。但当地釜石小学的184名孩子却依靠老师教授的逃生技巧成功逃生，毫发无损。

以上案例中的当事人，在紧急情况下，有的没有进行正确自救造成重大伤亡，有的依靠逃生自救技巧成功脱险。现实中类似的事故不胜枚举，我们又该从中吸取哪些方面的教训，避免各种突发事故中的人身伤害呢？

大量典型事故的惨痛教训警示我们，在火灾、地震等各类突发事故中，掌握正确有效的逃生安全知识和危险处理方法对保障人身生命安全、降低事故损失具有十分重要的意义。

一、火灾逃生自救与危险处理

在一场突发的火灾中，能否成为幸存者，与火势的大小、起火时间、楼层高度和建筑物内有无报警、排烟、灭火设施等这些客观因素有极大关系，但主要还与被困者的自救能力以及是否懂得逃生的步骤和方法等因素有着密切关系。在实施自救行动之前，一定要强制自己保持头脑冷静，根据周围的各种条件，选择正确有效的自救方式。

1. 火场逃生自救的原则

发生火灾时，火势的发展、烟雾的蔓延是有一定规律的，火场同时也是千变万化的，被浓烟烈火围困的人员或灭火人员，一定要抓住有利时机，就近利用一切可以利用的工具、物品，想方设法迅速撤离火灾危险区，如图 5-4 所示。在众人被大火围困的时候，一个人的正确行为，往往能带动其他人的跟随，可以避免大批人员的伤亡。因此，只有掌握了火场逃生的基本原则，即安全撤离与救助相结合，才能在突遇火灾时从熊熊大火中顺利逃生。

(1)保持冷静，不惊慌。被大火围困时，千万不要惊慌，必须树立坚定的逃生信念和必胜的信心，绝不能采取盲目跳楼等错误行为。要保持冷静的头脑和稳定的心态，设法寻找逃生机会逃出火场。

图 5-4　火场逃生

(2)头脑冷静，先报警。一旦火灾发生，不能因为惊慌而忘记报警，要立即按警铃或打电话。请记住火警 119，报警越早、越快、越清楚，救援效率就会越高，损失越小。

(3)择路逃生，不盲从。逃生路线的选择要做到心中有数，不能盲目追从别人而慌乱逃窜，这样会延误你撤离的时间，还容易引起骚乱。逃生时要选择路程最短、障碍最少而又能安全快速撤离建筑物的路线，平时要熟悉所处建筑物的安全出口及安全逃生路线。

(4)逃离险情，不恋财。时间就是生命，火灾袭来时，生命攸关，没有什么东西比生命重要了，应迅速撤离危险区，不要因贪恋财物而延误逃生最佳时机而导致伤亡，如图 5-5 所示。

(5)注意防护，避烟毒，如图 5-6 所示。据有关资料表明，火灾死亡人数中 80% 是由于烟毒引起的。因此，逃生时要加强个人防护，防止和减少烟气的吸入，应用水将毛巾等浸湿，捂住口鼻，防止吸入有毒烟气，用水浸湿地毯等包裹好身体，就地滚出火焰区逃生。

图 5-5　逃离险情不恋财

图 5-6　注意防护避烟毒

(6)逃生避难，看环境。所处的环境突发火灾逃生困难时，封闭的楼梯间、防烟楼梯及前室、阳台等便是我们临时的避难场所。千万不可滞留走廊、普通楼梯间等烟火极易波及而又没有消防保护设施的地带。

(7)逃离火场,防践踏。在逃生过程中,极容易出现聚集、拥挤,甚至相互践踏的现象,造成通道堵塞和发生不必要的人员伤亡,故在逃生过程中应遵循依次有序逃离的原则。

(8)利用条件,找出路。要充分利用楼内各种消防设施,如防烟楼梯间、封闭楼梯间、连通式阳台、避难层(间)等,这些都是为逃生和安全疏散创造条件、提供帮助的有效设施,发生火灾时应充分加以利用,如图 5-7 所示。

图 5-7 充分利用逃生和安全疏散

(9)穿过烟区,弯腰跑。火场当中烟的蔓延方向是上升到建筑楼层的顶部后沿墙下降至地面,最后只在走廊中心剩下一个圆形空间,一般烟若要把整个空间充满是需要一定时间的,利用这个时间可以成功逃生,所以在逃生过程中要弯腰跑,千万不要站立行走。

(10)电梯逃生,不可行。发生火灾后,千万不要乘坐电梯。因为一般电梯不能防烟绝热,加之起火时最容易发生断电,人在电梯内是十分危险的。消防电梯则是专供消防队员灭火救援使用的,一旦消防人员启用消防专用按钮,各楼层的按钮都将同时失效。

(11)逃生途中,不乱叫。不要在逃生时乱跑乱窜,大喊大叫,这样会消耗大量体力,吸入更多的烟气,还会妨碍正常疏散而发生混乱,造成更大的伤亡。

(12)身上着火,不乱跑。身上着火千万不能奔跑,因为你越跑,补充的氧气越充分,身上的火就越大,也不可将灭火器对准人体喷射,这样可能导致身体感染或加重中毒。此时,可以就地打滚或用厚重的衣物压灭火焰。

(13)室内着火,闭门窗。发生火灾时不能随便开启门窗,防止新鲜空气大量涌入导致火势迅速发展蔓延,甚至发生轰燃。

(14)不到关头,不跳楼。高楼着火不要轻易地跳楼,一般在二、三楼跳楼还有一点生还的希望,在四楼以上跳楼,生还的机会就很小了。所以大楼发生大火时不要惊慌失措,盲目跳楼。

(15)披毯裹被,冲出去。火势不大,应当机立断披上浸湿的衣服或裹上湿毛毯、湿被褥勇敢地冲出去,千万别披塑料雨衣等易燃可燃化工制品。

(16)顾全大局,互救助。自救与互救相结合,当被困人员较多,特别是有老、弱、病、残、妇女、儿童在场时,要积极主动地帮助他们首先逃离危险区,有秩序地进行疏散。

2. 校园典型场所火灾逃生的方法与技能

1)宿舍火灾逃生

宿舍作为校园生活的主要场所之一,逃生自救方法见表 5-5。

宿舍火灾逃生

表5-5

序号	图示	说明
1		宿舍内火灾初起时,可立即用自来水、湿毛巾、灭火器等灭火自救;若火势已大,应立即撤离火场逃生,逃离房间以后,一定要随手关好身后的门,以防火势蔓延
2		拨打119报警时,应讲清发生火灾的具体地址及燃烧物质、火灾类别、有无被困人员和爆炸物等,并留下联系电话,报警后到路口等部位等待消防车到来
3		撤离火场时,如果宿舍及通道充斥大量烟气,离地面30cm以下的地方还可能有空气,可用湿毛巾捂住口鼻,弯腰贴近地面爬行或低姿势快行
4		宿舍内起火无法从门逃出时,可利用绳索、浸湿的床单等从窗户滑下逃生;房间外着火时,若通道被火封死,可以关紧房门,打开窗户呼救,等待消防队员的救援或者利用绳索、浸湿的床单等从窗户滑下逃生

2)教室火灾逃生

教室作为校园学习的主要场所之一,逃生自救方法见表5-6。

教室火灾逃生　表5-6

序号	图示	说明
1		教室内火灾初起时,可立即用教室周围配备的灭火器灭火自救
2		火势凶猛,应立即跑到室外,如果教室及通道里充斥大量烟气,撤离时可用浸湿的手绢或衣袖捂住口鼻;也可利用透明塑料袋防护;使用大的塑料袋可将整个头罩住,并提供足量的空气供逃生之用,使用塑料袋时,一定要充分将其完全张开,千万别用嘴吹开,因为吹进去的气体是二氧化碳,效果适得其反;弯腰低姿势快行
3		一层教室失火,出口被火封住时,可从窗户跳出;二、三层失火,可用教室窗帘等物品结绳,一端拴在窗框或暖气片上,顺着绳子滑下逃生。 如果房间外失火,用手背去接触房门,试一试房门是否已变热。如果是热的,门不能打开,否则烟和火就会冲进室内
4		烟火封住外逃通道时,可迅速撤往楼顶平台等到消防救援
5		身上着火时,不要惊慌奔跑,可就地打滚压灭火焰,也可脱下着火衣物,用脚踩灭

二、地震逃生自救方法

地震是自然界最可怕的现象之一，我们通常会觉得脚下的地面“坚如磐石”，绝对稳定，但地震特别是大地震会在顷刻间粉碎这种想法。

1. 地震逃生自救的基本方法

(1)在地震中保持镇静十分重要。有人观察到不少无辜者并不是因房屋倒塌被砸伤或挤压伤致死，而是由于精神崩溃，失去生存的希望，乱喊、乱叫，在极度恐惧中“扼杀”了自己。这是因为乱喊乱叫会加速新陈代谢，增加氧的消耗，使体力下降，耐受力降低，同时，大喊大叫必定会吸入大量烟尘，易造成窒息，增加不必要的伤亡。正确态度是在任何恶劣的环境下，始终要保持镇静，分析所处环境，寻找出路，等待救援。

(2)地震时先躲后跑。我国多数专家认为，地震时就近躲避，震后迅速撤离到安全地方是应急避震较好的办法。避震应选择室内结实、能掩护身体的物体下(旁)、易于形成三角空间的地方，开间小、有支撑的地方，如图 5-8 所示，室外开阔、安全的地方。

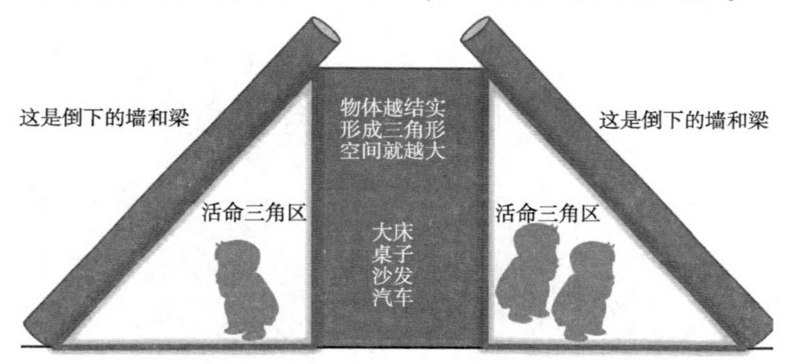

图 5-8　地震活命三角区

身体应采取的姿势：伏而待定，蹲下或坐下，尽量蜷曲身体，降低身体重心；抓住桌腿等牢固的物体，保护头颈、眼睛，掩住口鼻；避开人流，不要乱挤乱拥；不要随便点明火，因为空气中可能有易燃易爆气体。

(3)止血固定。砸伤和挤压伤是地震中常见的伤害。开放性创伤，外出血应首先抬高患肢，同时呼救。对开放性骨折，不应作现场复位，以防止组织再度受伤，一般用清洁纱布覆盖创面，作简单固定后再进行运转。不同部位骨折，按不同要求进行固定，并参照不同伤势、伤情进行分类、分级，送医院进一步处理。处理挤压伤时，应设法尽快解除重压，遇到大面积创伤者要保持创面清洁，用干净纱布包扎创面，怀疑有破伤风和产气杆菌感染时，应立即与医院联系，及时诊断和治疗。对大面积创伤和严重创伤者，可用口服糖盐水，预防休克发生。

(4)防止火灾。地震常引起许多“次生灾害”，火灾是常见的一种，在大火中应尽快脱离火灾现场，脱下燃烧的衣帽，或用湿衣服覆盖身上，或卧地打滚，也可用水直接浇泼灭火。

(5)要预防破伤风，要尽快掩埋尸体，注意饮食卫生，防止大灾后的大疫。

2. 学校避震

在操场或室外时，可原地不动蹲下，双手保护头部，注意避开高大建筑物或危险物，不要回到教室去，如图 5-9 所示。震后应当有组织地撤离，千万不要跳楼，不要站在窗外，不要到阳台上去。

图 5-9　避开高大建筑物或危险物

课堂实践

1. 察看并记住宿舍和教学楼的快速疏散通道。
2. 说说地震的逃生自救方法。

模块 3　消防安全知识与危险处理

学习目标

完成本模块学习后，你应能：

1. 掌握消防安全基础知识，认识火灾的分类、等级；
2. 会检查、使用常用灭火器具，认识常见安全指示标识。

建议课时

2 课时。

典型案例

2008 年 11 月 14 日凌晨 6 时许，某校宿舍楼的 602 寝室因为学生违规使用电热棒引发火灾。2 名女生先跑出去呼救并去水房取水灭火，回来后发现宿舍门已经无法打开。此时火势增大，留在宿舍中的 4 名女生被迫跑到阳台上，抓住栏杆吊在外面，坚持了一两分钟，终因体力不支，先后坠亡。

“消防”即消除防患，即预防和解决人们在生活、工作、学习过程中遇到的人为与自然、偶然灾害的总称。狭义的意思在人们认识初期是：扑灭火灾的意思。人们的生活离不开火，但是火如果使用不当或者管理不好就会发生火灾，严重威胁人们的生活，给人民的生命财产和国家的建设发展造成巨大损失。因此，人人都应学习消防知识，掌握防火灭火基本技能，最大限度地防止或减少火灾的发生。

一、消防安全基础知识

1. 消防救援报警电话“119”

“119”就是“要要救”,“119”是我国消防救援报警专用电话,如图 5-10 所示。在遇到火灾、危险化学品泄漏、道路交通事故、地震、建筑坍塌、重大安全生产事故、空难、爆炸、恐怖事件、群众遇险事件,水灾、气象、地质灾害、森林、草原火灾等自然灾害,矿山、水上事故,重大环境污染、核与辐射事故和突发公共卫生事件时均可拨打消防报警电话“119”。

图 5-10　消防标志和火警电话

2. 拨打“119”报警注意事项

(1)一定要沉着冷静,要记清消防电话“119”。

(2)电话接通以后,要把情况用尽量简练的语言表达清楚。要准确报出所在地址(路名、弄堂名、门牌号)、发生的险情、有没有人被困、有没有发生爆炸或毒气泄漏等。在说不清楚具体地址时,要说出地理位置、周围明显建筑物或道路标志。将自己的姓名、电话或手机号码告诉对方,以便联系。注意听清接警中心提出的问题,以便正确回答。

(3)打完电话后,立即派人到交叉路口等候消防车,引导消防车迅速赶到消防现场。

(4)如果险情发生了新的变化,要立即告知消防队,以便他们及时调整力量部署。

(5)拨打“119”消防电话,公安消防队出警都是免费的。

二、火灾

火灾是指在时间或空间上失去控制的燃烧所造成的灾害。在各种灾害中,火灾是最经常、最普遍地威胁公众安全和社会发展的主要灾害之一。人们在用火的同时,也在不断总结火灾发生的规律,尽可能地减少火灾及其对人类造成的危害。

1. 火灾的分类

火灾根据可燃物的类型和燃烧特性,分为 A、B、C、D、E、F 六类,见表 5-7。

火 灾 的 分 类　　表 5-7

类　别	火灾种类名称	常见燃烧物
A	固体物质火灾	这种物质通常具有有机物质性质,一般在燃烧时能产生灼热的余烬,如木材、煤、棉、毛、麻、纸张等火灾
B	液体或可熔化的固体物质火灾	如煤油、汽油、柴油、原油,甲醇、乙醇、沥青、石蜡等火灾

续上表

类 别	火灾种类名称	常见燃烧物
C	气体火灾	如煤气、天然气、甲烷、乙烷、丙烷、氢气等火灾
D	可燃金属火灾	如钾、钠、镁、铝镁合金等火灾
E	带电火灾	带电物体燃烧的火灾
F	烹饪器具内的烹饪物火灾	如动植物油脂火灾

2. 火灾的等级

根据2007年6月26日公安部下发的《关于调整火灾等级标准的通知》，新的火灾等级分为特别重大火灾、重大火灾、较大火灾和一般火灾四个等级，见表5-8。

火灾等级的划分 表5-8

序号	火灾等级	说 明
1	特别重大火灾	指造成30人以上死亡，或者100人以上重伤，或者1亿元以上直接财产损失的火灾
2	重大火灾	指造成10人以上30人以下死亡，或者50人以上100人以下重伤，或者5000万元以上1亿元以下直接财产损失的火灾
3	较大火灾	指造成3人以上10人以下死亡，或者10人以上50人以下重伤，或者1000万元以上5000万元以下直接财产损失的火灾
4	一般火灾	指造成3人以下死亡，或者10人以下重伤，或者1000万元以下直接财产损失的火灾

3. 火灾及校园火灾原因

(1)火灾事故发生的原因主要有纵火、电气违章操作、用火不慎、玩火、吸烟不慎、自燃、雷击、静电以及其他因素如地震、风灾等。

(2)校园火灾事故发生的原因有：①吸烟，如乱扔未熄灭的烟头，躺在床上吸烟；②违规使用明火，如在寝室内点蜡烛、点酒精炉等；③违规使用大功率电器及使用或放置电器不当，如使用电炉、热得快、电吹风、充电器等长时间处于通电状态或外出忘记关电源等；④乱拉乱接电源线；⑤学生在实验过程中操作不慎。

三、常用灭火器具

扑灭不同类型的火灾，应选择不同的灭火器具，常见的各类灭火器铭牌上均有可用于扑灭火灾类型的说明，灭火时根据铭牌说明正确选用即可。

1. 消火栓

消火栓主要是在建筑物内部使用的一种固定灭火供水设备，一般都设置在建筑物公共部位的墙壁上，有明显的标志，内有水龙带和水枪，如图5-11所示。

室内消火栓的使用方法如图5-12所示。室外消火栓连接好水带后需借用专用工具打开阀门。

2. 灭火器

(1)灭火器的种类如图5-13所示。按其移动方式可分为：手提式和推车式；按驱动灭火剂的动力来源可分为：储气瓶式、储压式、化学反应式；按所充装的灭火剂则又可分为：泡沫、干粉、卤代烷、二氧化碳、酸碱、清水等。

a)室内消火栓

b)室外消火栓

图 5-11　室内消火栓和室外消火栓

a)打开或击碎箱门，取出水带

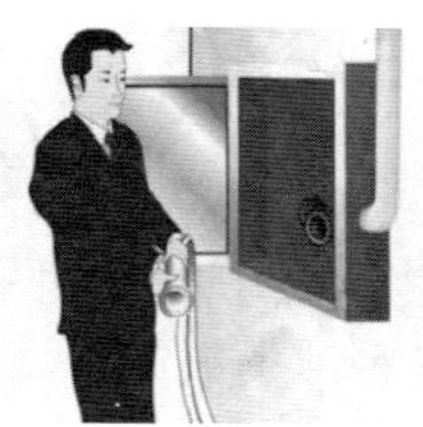

b)展开消防水带

c)水带一头接到消防栓接口上

d)另一头接上消防水枪

e)打开消防栓上的阀门

f)对准火源根部，进行灭火

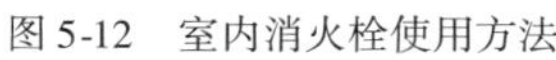

图 5-12　室内消火栓使用方法

图 5-13　常见灭火器

可临时充当灭火器的工具：火不大，或者不是油料一类的可燃物着火的可以使用衣物、扫帚、树枝等物品进行扑灭；对于离地不高的火，可以使用沙土掩埋的办法灭火；紧急情况下，可以把可乐或者雪碧一类的饮料剧烈摇晃后对火源进行喷射。

（2）灭火器的使用。目前，我们常用的灭火器有干粉灭火器、泡沫灭火器和二氧化碳灭火器。

①干粉灭火器。使用干粉灭火器前，应先将灭火器上下颠倒几次，使干粉预先松动，具体步骤如图5-14所示，禁止倒立使用。

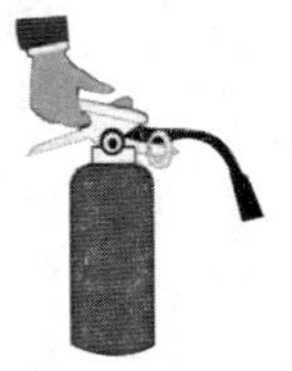

1.取出灭火器

2.拔掉保险销

3.一手握住压把
一手握住喷管

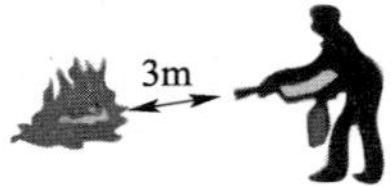

4.对准火苗根部喷射
(人站立在上风)

图5-14 干粉灭火器使用方法

②泡沫灭火器，主要适用于扑救各种油类火灾、木材、纤维、橡胶等固体可燃火灾。要将泡沫灭火器平稳地提到火场，注意筒身不宜过度倾斜，以免两种药液混合，然后用手指压紧喷嘴口，颠倒筒身，上下摇晃几次，向火源喷射，如图5-15所示。如是油火，使用手提式化学泡沫灭火器时，不能直击液面，应向容器内壁喷射，让泡沫覆盖油面使火熄灭。在使用推车式灭火器时，先将器盖上的手柄向上翻转，中轴即自动弹出，再启瓶口，用手指压紧喷嘴口，然后颠倒器身，上下摇晃几次，松开手指灭火即可。

1.右手握着压把，左手托着灭火器底部，轻轻地取下灭火器

2.右手提着灭火器到现场

3.右手捂住喷嘴，左手抓筒底边缘

4.把灭火器颠倒过来呈垂直状态，用劲上下晃动几下，然后放开喷嘴

5.右手抓筒耳，左手抓筒底边缘，把喷嘴朝向燃烧区，站在离火源8m的地方喷射，并不断前进，兜围着火焰喷射，直至把火扑灭

6.灭火后把灭火器卧放在地上，喷嘴朝下

图5-15 泡沫灭火器使用方法

使用泡沫灭火器时，必须注意灭火器的筒盖和底部不能朝向人，防止因筒盖、筒底爆破造成伤亡事故。空气泡沫灭火器不能扑救带电设备和轻金属火灾。

③二氧化碳灭火器。二氧化碳灭火器开启方式不同，使用方法也不同。如果是手动开启式（即鸭嘴式）的灭火器，使用方法同干粉灭火器，如图5-16a）所示。如果是螺旋开启式（即手轮式）的，使用时，先将铅封去掉，翘起喷筒对准火源，一手提提把，一手将手轮按顺时针方向旋转开启，高压气体即自行喷出，如图5-16b）所示。

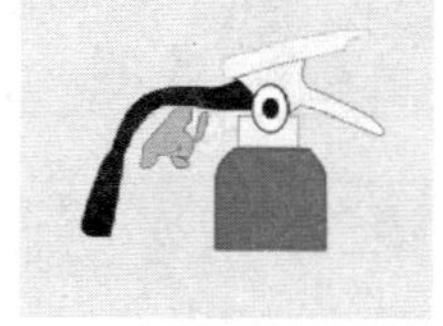

1.撕掉铅封，拔掉保险销

2.将喷嘴对准火源根部

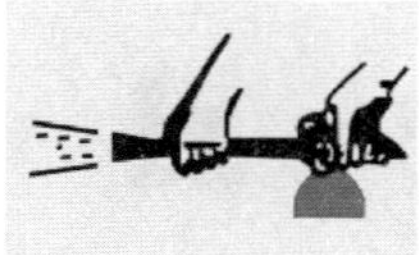

3.按下压把喷射灭火

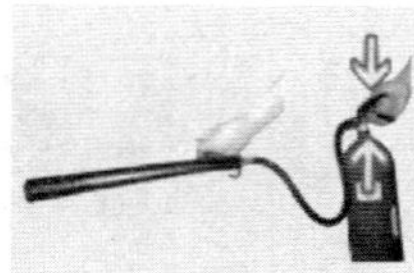

4.使用二氧化碳小心冻伤

a)普通二氧化碳灭火器使用方法

b)手轮式二氧化碳灭火器

图5-16　二氧化碳灭火器使用方法

二氧化碳灭火器不可颠倒使用，在使用过程中，要占领上风方向，从侧面向火源上方往下连续喷射，防止复燃。切勿逆风使用，喷射的方向要保持一定的角度，使二氧化碳能迅速覆盖住火源。因为二氧化碳从储存容器中喷出时，会由液体迅速汽化成气体，而从周围吸收部分热量，起到冷却的作用，所以要防止液态二氧化碳从喷筒喷出后，温度很低的气态二氧化碳能冻伤双手。此外，要特别注意在狭小的密闭空间使用二氧化碳灭火器后，人应迅速撤离，并及时通风，然后人再进入，以防窒息，导致人员伤亡；扑救600V以上带电设备火灾时，应先断电，后灭火。金属钾、钠、镁、铝和金属氢化物等物质火灾，禁止用二氧化碳灭火器扑救。因为这些物质的性质十分活泼，能夺取二氧化碳中的氧而燃烧。

四、常见消防安全标识

消防安全标志是由安全色、边框、图像为主要特征的图形符号或文字构成的标志，用以表达与消防有关的安全信息。

1. 消防设施标识

配电室、水泵房、消防控制室等场所的入口处应设置“非工勿入”等警示类标识；灭火器、手动报警按钮的设置点应设置提示类标识；防排烟系统的风机、风机控制柜、送风口及排烟窗应设置“消防设施严禁遮挡”的警示类标识，如图5-17所示。

2. 危险场所、危险部位标识

危险场所、危险部位的室外、室内墙面、地面及危险设施处等适当位置应设置警示类标识，标明安全警示性和禁止性规定。危险场所、危险部位的室外、室内墙面等适当位置应设置安全管理规程，标明安全管理制度、操作规程、注意事项及危险事故应急处置程序等内容。易操作失误引发火灾危险事故的关键设施部位应设置发光性提示标识，标明操作方式、注意事项、危险事故应急处置程序等内容，如图 5-18、图 5-19 所示。

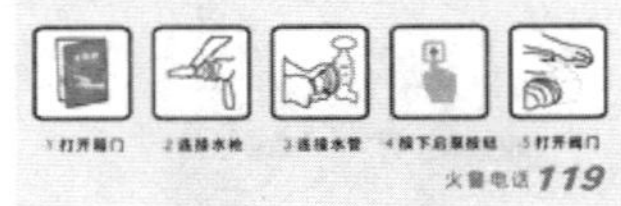

图 5-17　常见消防设施标识

图 5-18　某工厂重大危险源储存场所警示标识

3. 安全疏散标识

疏散指示标识应根据国家有关消防技术标准和规范设置，并应采用符合规范要求的灯光疏散指示标志、安全出口标志，标明疏散方向，如图 5-20、图 5-21 所示。

图 5-19　高压电场所警示标识

图 5-20　紧急出口标识

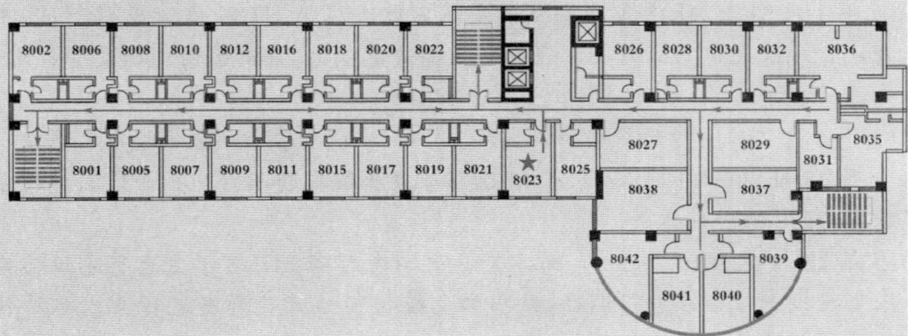

图 5-21　某宾馆安全疏散图

五、火灾的逃生自救

发生火灾时，需要安全、尽快地逃生，不能坐以待毙。火灾逃生具体见第五单元　模块2。

六、火灾的扑救

燃烧的三要素由可燃物、助燃物、着火源构成，对于有焰燃烧，一定存在自由基的链式反应这一要素。因此，灭火的主要措施就是：控制可燃物、减少氧气、降低温度，化学抑制（针对链式反应）。

灭火的基本方法，具体见第二单元　模块4。

课堂实践

1. 找一下宿舍楼和教学楼的消防安全标识有哪些？
2. 根据宿舍安全出口指示，绘制宿舍逃生疏散图。

模块4　季节安全知识与危险处理

学习目标

完成本模块学习后，你应能：

1. 认识不同季节的安全防范要点；
2. 掌握不同季节典型危险的处理方法。

建议课时

2课时。

典型案例

2013年3月31日，上海市和安徽省发现3例人感染H7N9禽流感病例，其中两人抢救无效死亡。这也是全球首次发现的新亚型流感病毒，目前国内外都没有针对H7N9禽流感病毒的疫苗。

2017年2月24日，贵州省凤冈县何坝第四小学发生学生疑似食物中毒事件。截至2017年2月25日中午12时，共计有13名孩子在医院接受治疗。孩子们的病情诊断为急性胃肠炎，疑似食物中毒。

2015年12月至2016年5月，南方某县中学先后有147名学生患有急性传染性的肝炎。经省疾控中心专家进行调查：该中学急性传染性肝炎爆发流行系以水源传染为主的传染性肝炎的传播。

2016年1月28日零时20分许，在柳州市城站路增鑫一区，租房居住的一家三口煤气中毒，16岁的儿子身亡，父母得救。

事故的教训是惨痛的，我们又该从中吸取哪些方面的教训，避免新的安全事故发生呢？

春夏秋冬，四季轮回，我们在变换的季节里穿梭，欣赏大自然的美丽与多彩，享受着生活的美好与惬意。在赏心悦目的同时，安全也不容忽视，不忘安全，方能不负韶华。

一、不同季节的安全防范重点

1. 春季

（1）预防传染病。春季万物复苏，是各种病媒生物活动、繁殖旺盛期，也是各种以呼吸道疾病为主的流行性传染病易发和快速传播的季节，如图5-22所示。所以，同学们应加强对各类流行性传染病的防范，同时和春季爱国卫生运动结合起来。

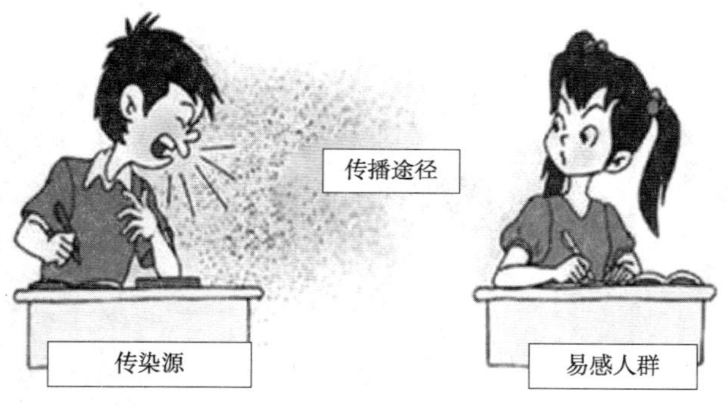

图5-22 呼吸道疾病的传播

（2）预防火灾。春季气温回升、气候干燥，火险等级也相应升高，火灾安全隐患突出，非常容易发生火灾。所以，同学们要积极参与各类火灾的预防教育，提高对易引起火灾安全隐患的重视，防患于未然，如图5-23所示。

（3）重视春游等社会实践活动中的交通安全和饮食卫生安全。蛰伏了漫长的冬季，春天来临，学生的活动量增加，活动范围变广，特别是在春游等社会实践活动中，应重视对交通安全和饮食安全的防范，如图5-24所示。

图5-23 森林防火

图5-24 饮食安全

图 5-25　大风防范

(4)春季多风,且风力较大,还应严防高空坠物伤害,如图 5-25 所示。

2. 夏季

(1)正确防范洪水、暴雨、雷击、台风等灾害天气危害。我们要按照各类灾害的危害特点,根据所在地区的地理环境特点,有针对性地接受应对灾害天气方面的安全教育。

(2)严防溺水。夏季天气炎热,游泳和水中嬉戏是同学们喜爱的运动和玩乐方式。同时,夏季雨水多,池塘、河流、湖泊、水库、沙坑水位上涨,积水较深,游泳和水中嬉戏的安全隐患增加。所以,同学们一定要预防溺水,不到不安全的水域去游玩,溺水安全防范知识见本单元模块 8。

(3)预防食物中毒。夏季气候炎热,微生物繁殖很快,食物容易发霉变质,同学们要高度重视预防食物中毒,严防病从口入,如图 5-26 所示。

(4)预防蚊虫叮咬和感染,如图 5-27 所示。

图 5-26　食物中毒

图 5-27　蚊虫叮咬

(5)重视交通安全。夏季白天时间长,同学们的户外活动的时间也长,发生交通安全事故的概率也会增加。

(6)预防性侵犯。夏季天气炎热,人们衣着单薄,天黑后在户外活动时间比较长,同学们要提高警惕,特别是女生在夜晚活动中要严防各类性侵害行为。

(7)用电安全教育。夏季用电负荷大,容易发生触电、电火灾等事故。学生宿舍人员密集,用电安全尤其重要,严防电老虎伤害。

3. 秋季

(1)预防运动受伤。秋季气候宜人,非常适合户外体育运动。正常的体育活动本身带有一定程度的风险性,同学们对运动安全不可掉以轻心。

(2)紧盯建筑安全。经过夏天的日晒雨淋,加上秋天雨水相对较多,造成建筑物在秋天的安全隐患比较大,容易发生倒塌、墙皮脱落等事故。在日常活动中要关注各类建筑物的安全,做好建筑安全隐患排查和上报工作。

(3)预防消化道疾病。秋季天气转凉,是秋季腹泻等消化道疾病的多发和高发期。同学们要提高警惕，重视食品卫生，严防消化道疾病的困扰。

4. 冬季

（1）注意防寒保暖。冬季气候寒冷，学生在户外活动中、上下学路上很容易冻伤，并引发感冒和其他呼吸道疾病。日常生活中要注意防寒保暖、预防疾病。合理安排户外活动，做到运动与健康兼顾。

（2）严防煤气中毒。在冬季，北方的农村地区家庭常使用煤炉取暖，很容易引发煤气中毒事故。在做好自身防范的同时，主动提醒他人不发生此类事故，如图 5-28 所示。

图 5-28　当心煤气中毒

（3）户外冰雪体育运动安全和防冰面溺水。户外冰雪运动中容易发生运动伤害和摔伤，在不安全的冰面上滑冰也容易发生冰面溺水事故。

（4）火灾预防教育。冬季气候比较干燥，火灾隐患比较大，特别要高度重视学生宿舍防火安全工作。

（5）雪雾天气交通安全教育。冬季常有积雪和霜冻，导致路面较滑，有时还有大雾，交通条件比较差。同时，冬季天黑得早，视线变差，容易发生交通事故。因此，在雪雾天气过程中要加强对交通安全的重视与防范。

二、不同季节典型危险防范与处理

1. 春季传染病的预防与处理

春季是多种传染病的多发季节，人们经历了一个漫长的冬天，当春季来临时，人体内环境很难与外界环境相适应，人体的免疫力相对低下，病菌、病毒等致病微生物趁机而入、侵袭人体，特别容易引起流感、麻疹、水痘、风疹、流脑、流行性腮腺炎、手足口病、人禽流感、结核病等传染性疾病的流行，主要通过呼吸道、消化道、直接接触等途径传播。多种传染疾病的预防要点如图 5-29 所示。

吃熟食　喝开水　晒衣被

图 5-29　多种传染疾病的预防要点

2. 夏季食物中毒的预防与处理

具体见第二单元模块 2　饮食与用药安全防范。

3. 秋季传染病的预防与处理

进入秋季，气温变化比较大，秋季正处于夏季和冬季之间，夏季和冬季的传染病都有可能在秋季发生，所以说秋季也是多种传染病的高发季节。初秋时，气温较高，即“秋老虎”天，一些肠道传染病和虫媒传染病高发，甚至可能爆发流行；到了晚秋，气温逐渐下降，风大干燥，这时是一些呼吸道传染病的高发时节。因此，秋季加强传染病的防治，对维护身体健康具有重要意义。

一般秋季常见传染病可分为三大类：肠道传染病（图 5-30）、呼吸道传染病（图 5-31）和虫媒传染病。

（1）肠道传染病。秋季常见的肠道传染病有霍乱、伤寒、副伤寒、痢疾、轮状病毒引起的感染性腹泻等。这类传染病经“粪—口”途径传播,是“吃进去”的传染病,通常是由于细菌或病毒污染了手、餐具或食物等,未经过恰当的处理,吃进去后发病。

图 5-30　肠道传染病　　图 5-31　呼吸道传染病

为防治秋季肠道传染病,同学们要讲究环境、食品卫生和个人卫生,以饮食卫生为重点,把好“病从口入关”,加强自身防护。

①提倡良好的个人饮食卫生习惯。

②加强个人防护,了解肠道传染病的相关知识。

③感染肠道传染病后应立即上医院就诊,不要胡乱用药,某些肠道传染病抗生素的不当使用,甚至可导致生命危险。

(2)呼吸道传染病。秋季常见的呼吸道传染病有流感、军团菌病、肺结核等。这类传染病经呼吸道传播,是“吸进去”的传染病。细菌或病毒可直接通过空气传播,经呼吸道进入人体后发病。

为防治秋季呼吸道传染病,应保持室内经常通风换气,保持空气清新;讲究个人卫生,不随地吐痰,日用品常进行日照消毒和适当处理;有呼吸道传染病流行时,到公共场所应戴口罩,少到人口密集的地方,如图 5-32 所示。必要时可进行疫苗的接种:如接种卡介苗预防肺结核,接种流感疫苗预防流感。

(3)虫媒传染病。秋季常见的虫媒传染病有乙脑、疟疾、登革热、流行性出血热等。这类传染病是通过一些昆虫媒介,如蚊、螨、虱子、跳蚤等叮咬人体后传播,是“叮咬传播”的传染病,昆虫先叮咬病人,然后再叮咬健康人,同时将细菌或病毒传入健康人的体内导致发病。

虫媒传染病预防的最好措施是防止被蚊虫叮咬,大力开展爱国卫生运动,消灭蚊虫,如图 5-33 所示。注意居室灭蚊虫,如果不能保证彻底灭蚊虫,房间内则要有有效的防蚊虫设施,如使用蚊帐。对早期发现的病人,应早期诊断、早期隔离,防止病毒传播。若在旅行期间或之后有任何高热或类似感冒病征等病时,要尽快看医生治疗和接受血液检查,越早诊治越有效。

4. 冬季煤气中毒的预防与处理

煤气中毒又称一氧化碳(CO)中毒,中毒后会出现剧烈的头痛、眩晕、心悸、恶心、呕吐、四肢无力、嗜睡、意识模糊,甚至短暂的昏厥等现象。其主要原因是采用燃煤炉取暖时,由于没有安装烟囱等导致居住环境内一氧化碳含量超过安全标准,致使人体大量吸入中毒,如图 5-34所示。在通风不良的浴室内使用燃气热水器淋浴也易引起煤气中毒。

(1)为防止一氧化碳中毒事故的发生,要加强取暖及其他设备的管理和检查,确保设备完好,使用方法正确。

图 5-32　公共场所应戴口罩

图 5-33　消灭蚊虫

图 5-34　一氧化碳中毒

①家中使用煤炉取暖时，要安装烟囱、通气窗、风斗等设施，确保排气顺畅。不得使用没有上述安全设施的煤炉取暖。有条件的要安装一氧化碳报警器。

②定期对烟筒和烟道口进行检查，及时清理烟垢，保证通气顺畅。

③不得在室内或靠近居室的地方使用极易产生一氧化碳等有毒气体的燃气、燃煤、燃油设备。

④不使用直排式热水器和烟道式热水器等淘汰产品；不使用超过使用期限的热水器；不得自行安装、拆除、改装热水器等燃具；不得把燃气热水器安装于浴室内。

⑤经常检查燃气与热水器连接管和排气管的完好。

（2）当发现有人发生一氧化碳中毒事故后，要保持冷静，掌握正确的处理方法非常重要，具体见表 5-9。

一氧化碳中毒急救步骤　　表 5-9

步骤	图　示	说　明
1	开窗通风！ 把衣服松开！	立即打开就近的门窗，加强通风，并将中毒者转移到空气流通处，轻度中毒者可解开衣领、裤带、衣服等保持呼吸道通畅，清除口鼻分泌物，立即进行针刺治疗，取穴为太阳、列缺、人中、少商、十宣、合谷、涌泉、足三里等。轻、中度中毒者，针刺后可以逐渐苏醒

续上表

步骤	图示	说明
2		应对重度中毒者施行人工呼吸和胸外心脏按压。心肺复苏术:具体见本单元模块8　溺水的安全知识与心肺复苏急救
3		拨打120急救电话,使中毒者尽快得到专业救治

课堂实践

1. 说一说自身所遇到的季节性安全事故。
2. 结合身边案例,说说煤气中毒的防范与危险处理。

模块5　节假日游玩安全知识与危险处理

学习目标

完成本模块学习后,你应能:

1. 掌握节假日游玩安全防范知识;
2. 掌握游玩中典型危险的处理方法。

建议课时

2课时。

典型案例

2005年5月，北方某职校学校两名男生到河北省野三坡去旅游，下午上山，天黑后迷了路，下不了山，他们本应该就地等候救援，但因急于下山，就摸黑走山路，其中一名男生失足坠崖身亡。

2008年10月4日，广东省肇庆市鼎湖区砚洲岛发生一起旅游安全事故。两名随单位组团参加拓展旅游的旅游者在自由活动时，违反旅游合同约定，擅自下西江戏水、游泳，在深水处突然溺水后死亡。

2007年7月13日中午，在西藏318国道曲水段桃花村境内发生了一起重大旅游交通事故。一辆西藏博达旅游客运公司的金龙牌37座旅游大巴（内乘游客28人、驾驶员1人、导游1人）在前往日喀则的途中，行驶至拉萨市曲水县境内，因驾驶员强行超车，导致车辆坠入离路面80m的雅鲁藏布江，事故造成包括驾驶员、导游在内的15人死亡，两人失踪，13人受伤。

外出游玩本该是愉快的，但危险的降临会让身心的愉悦瞬间消失得无影无踪。教训是惨痛的，我们又该从中吸取哪些方面的教训，避免新的安全事故发生呢？

随着人们生活水平的提高和休闲放松意识的不断增强，节假日外出游玩成为一种新的时尚，出国出境游也竞相兴起。在欣赏自然美景、陶冶身心、收获快乐的同时，一定要做足安全功课。因为，旅途中不仅有欢乐，也有潜在的危险，一定要常念安全经，与平安同行。

一、外出游玩安全注意事项

1. 外出就餐别贪嘴

切忌使用无安全保障的食品或暴饮暴食，切勿吃生食、生海鲜、已剥皮的水果等，切勿光顾路边无照牌摊档，如图5-35所示。要多喝开水，多吃蔬菜水果，少喝酒，不酗酒，防止食物中毒。牢记自己的饮食禁忌，不盲目尝鲜、贪吃、乱吃。避免在流行病传播季节到流行病传播地区停留。做好预防措施，携带一些常用必备药品。万一患病，要及时到医院就诊，不要强忍硬扛。

图5-35　无安全保障的食品

2. 入住酒店锁好门

入住宾馆饭店或乡村酒店后，应了解客房安全须知，熟悉住宿区域的安全出路、安全楼梯的位置及安全逃生路线。注意检查客房所配备的用品是否齐全，有无破损。不将自己的房间号码随便告诉陌生人，不让陌生人进入房间，出入房间要锁好房门，睡觉前关好门窗并上锁。跟团旅游入住饭店需外出时，应告知随团导游或同伴，索要一张饭店联系卡，以确保迷路时安全回到住所。

3. 交通安全不忽视

和家人自驾车旅游要尽量避开热点地区和高峰时段，前往郊区旅游，要提前设计好线路，出行前做好车辆的维护等相关准备工作，注意天气变化，密切关注当地旅游管理部门的有关提示。在乘车旅途中，不搭乘非法营运、违规驾驶车辆，如图5-36所示，不要与驾驶员交谈和催促驾驶员开快车、违章超速和违规行驶，不要将头、手、脚等伸出窗外，以防意外发生。下车游览、就餐、购物时，应注意关好车窗、车门，保管好自己随身携带的贵重物品。乘坐飞机时，应遵守民航部门乘机安全管理规定。万一发生旅途交通事故，不要惊慌，要采取自救和互救措施，保护事故现场，并迅速报告警方和相关部门。

图5-36　不搭乘非法营运、违规驾驶车辆

4. 游览过程别要单

跟团观光游览时要紧跟团队，自由活动期间不要走得太远，不要脱队，如图5-37所示。记下领队和导游的手机号，记住所乘车牌号和所在停车场位置，万一联系不到或找不到所乘旅游车，可自行乘出租车返回宾馆或请警方协助，并设法告诉领队和导游。

图5-37　跟团旅游

5. 理性购物别冲动

选择旅游产品时，一定要注意品质，不要选择不合理低价游，应合理估算产品成本，谨防消费陷阱。旅行途中购物消费应理性，避免冲动购物，谨防从众消费、攀比消费、虚荣消费行为，如图5-38所示。购买商品时要索取发票（收据）等商家凭证，以作为维权依据。购买贵重物品时一定要慎重，不要轻信商家诱导，在不懂行情的情况下，要慎重购买宝石玉器、工艺品等比较贵重的物品。外出旅游购物期间要看管好财物。

6. 游乐安全别大意

乘坐大型游乐设施前，要查看是否有国家质监部门的《安全检验合格》标志，要认真阅读《乘客须知》等安全提示，以确定自己是否适宜游玩，要听从工作人员指挥，按顺序上下，坐稳扶好，千万不要擅自进入隔离区，如图5-39所示。设备运行中，千万不要随意将手、胳膊、脚等身体任何部分伸出设备外，更不要解除安全防护装备或跳离设备，以免发生意外；若出现意外情况，不要惊慌、乱动，应在原位置等待工作人员的救援，不要擅自解开安全带、打开安全压杠。

图 5-38　旅行购物要理性

图 5-39　安全乘坐游乐施舍

7. 人身安全最重要

出游时，要注意防盗(图 5-40)、防骗、防诈、防抢、防打等人身伤害，要远离黄赌毒，不接受陌生人的搭讪，不携带大量现金和贵重物品。参加旅游活动时，要尊重所在国或地区、特别是有特殊宗教习俗国家或地区的风俗习惯，避免因言行举止不当引发纠纷。遇到地震、台风、火灾、洪水等自然灾害或政治动乱、战乱、突发恐怖事件或意外伤害时，要冷静处理并尽快撤离危险地区。人身安全受到威胁和伤害时，应立即向当地警方报案，

图 5-40　外出旅行注意防盗

寻求警方提供保护。

二、典型危险处理方法

1. 晕车晕船

首先要保持心情愉快，出行前，不要饮酒，勿过饱或过饥。如果晕车（图5-41），一般出行前半小时先服一片防晕药；可用冷毛巾敷面部和胸部，把视线固定在一个远处不动的目标上凝视；如果恶心想吐，尽量吐得干净为好；如是在车上，打开窗户，吹吹新鲜的风；如果眩晕，应开口呼吸，嚼一块糖，能取得较好的效果。

图5-41　晕车

2. 财物丢失

（1）身份证丢失。由当地旅行社核实后开具证明，失主持证明到当地公安机关报失，经核实后开具身份证明，机场、安检人员才会核准放行。

（2）财物丢失。财物丢失后，要向导游或领队求助，告诉他们丢失物品的形状、特征、价值，回忆丢失物品可能的时间和地点，积极配合导游人员寻找。同时可报警寻求帮助。

为保证财物安全，提醒你三句话：集小成大件数清；随时清点不乱放；离开不忘回头看。

3. 走失和迷路

跟团旅游者走失，一般出现在游览活动中或自由活动中。在游览中，旅游者应留意导游每天通报全天的游览日程、用餐点的名称和地址、抵达时间和逗留时间。在外出自由活动时，请先告知导游或领队，大概何时回来，最好记下饭店的地址和电话，以便万一走失时联系，无法联系时可寻求当地警方的帮助，如图5-42a）所示。

自驾游或徒步游过程中易发生迷路，主要原因是出游者对路线不熟悉。如果发现自己在野外迷路了，首先应停止前进，并尽快冷静下来，利用指南针、手机定位等手段判断出正确方向和来时的路，如图5-42b）所示。如果不具备这样的条件，可以通过植物的生长特性断定方向，如植被茂盛处向阳，长青苔处背阴，向阳一面自然是南方。也可以利用太阳和手表来判定方位。其次，要保存体力，利用一切可以利用的手段联系外界，寻求救援，切忌慌乱走窜。如估计当天走不出去，应及早寻找露天宿营的地点，绝不能在夜间行走。

a)

b)

图5-42　旅行时走失或迷路

4. 动物伤害

多发生于自行野外徒步游中，尤以被蛇咬伤最为常见。为了防止被蛇咬伤，在草深林密的地方，最好穿长裤长袜，戴草帽或遮阳帽，手中最好拿一拐杖或拿一根竹竿，可以抽打草丛赶跑蛇虫(图5-43)。旅游中遇到了蛇，最好的办法是沉着对付，千万不要惊慌、不能跑动，也不要理会它，只要你不伤害它，离它而去，也就平安无事了。万一被蛇咬伤，千万不要着急，要沉着冷静，只要不做剧烈运动，不会马上就有生命危险；要积极进行处置，首先结扎伤口上部肢体，千万不可用嘴去吸毒液，以防毒液进入口中；要用手一面挤压伤口，一面用水冲洗，涂蛇药粉于伤口处，速送医院进一步处理。

图5-43　旅行时防蛇虫

5. 客车失火

客车火灾事故并不少见，往往是由于旅客携带易燃易爆品，或是吸烟引燃了车内的易燃物品，或是汽车电路故障所致。如果是汽油挥发引起火灾，乘客要打开车窗，让挥发气体尽快散开，减少燃烧。如果是其他化学品、易燃品着火，则不应打开车窗，因为打开车窗易引起空气对流，等于为火灾加氧助燃，乘客应有组织地利用车载灭火器等消防设备积极扑火(图5-44)，并注意保护老人和儿童。车停下后，应有秩序地将老人儿童转移到安全之处。如果发现火大无法扑灭，所有人员应尽快撤离车厢到安全之处。

6. 撞车

撞车事故往往发生在一两秒之内，除了驾驶员以外，乘客一般很难有时间采取防范措施。作为乘客，应注意所乘车辆的运行状况及自身安全。如果事先有足够的安全意识，只要不是夜间行车，即使事到临头千钧一发，仍是可以防范的，比如车速太快，这时就应提醒驾驶员并做好发生撞车的心理准备，如图5-45所示，在刹那间本能地做出自我保护的动作，减少伤害。

图5-44　利用车载灭火器扑火

图5-45　十次车祸九次快

撞车时应急处理见表5-10。

乘车人在车辆撞击时的应急处理 表5-10

序号	所处位置	图 示	说 明
1	坐在轿车、面包车前排	撞车时千万不要大喊大叫，应该闭紧嘴巴，紧咬牙关，否则类似咬舌自尽也不是没有可能的事。	在撞车发生的瞬间要挺直身体，两脚用力蹬住车厢，双手抓住车上扶手，这样就能克服因撞车产生的巨大惯性；不要大喊大叫，防止咬舌
2	坐在轿车、面包车或大客车前排以外的其他座位	双手 抱头或扶着座椅 手肘 支撑身体 保护内脏 安全带 紧扣固定身体	要抱头、收腹、缩腿，使身体缩成一团，这样可以保护头部免受撞击，同时身体形成球形缩小了体积，也可以减少与车厢的撞击。但是如果活动空间很小，难以完成上述动作，也可以蹬直双腿、两手与前面靠背抓牢并挺直身体，使身体与前后靠背之间不留空隙，这样就减少了冲击，也会减少伤害
3	站在车厢里	图略	在发生撞车时应尽力拉住车厢内的扶手或座椅靠背同时尽量缩小身体，减少撞击

课堂实践

1. 结合身边，谈谈外出游玩前应做好哪些安全准备工作？
2. 寻找典型事故案例分析事故原因。

模块6 烫烧咬伤的安全知识与危险处理

学习目标

完成本模块学习后，你应能：

1. 掌握烫烧咬伤的安全防范知识；
2. 掌握烫烧咬伤的急救处理方法。

建议课时

2课时。

典型案例

电暖宝、热水袋是冬季女生的保暖常用品，但绝大部分是“三无”产品，甚至是一枚“定时炸弹”。在星沙某高校读大三的女孩小年就被这枚“定时炸弹”给烫伤了。一天傍晚时，小年在寝室内将热水袋放在腿边充电，自己坐在桌前看书，突然，热水袋开始发出异响，还没等小年反应过来，热水袋便爆炸了，滚烫的热水洒了小年一身，腹部以及大腿都被烫伤。

2014 年 12 月，小王和小李所在的班在一家自助餐厅聚餐，这家自助餐厅主营的是自助小火锅。席间，小王发现火锅炉需要添加燃料了，却一时找不到工作人员。小王就擅自在一旁的柜子里找到装有酒精的容器往炉中添加酒精。添加过程中，酒精发生爆燃，致使坐在同一桌的小李与其他两名同学不同程度烧伤。

2013 年 7 月 18 日，刘某和几位朋友在村里发现一条体型不大的白色流浪狗，便想捉住杀了吃狗肉，不成想几人都被狗咬伤，其他人都去注射了狂犬疫苗，刘某觉得自己以前曾被狗咬过没事，这次也不严重，而且打疫苗麻烦还花钱，因此没有去注射。7 月 29 日，刘某因出现发烧、头疼、恶心、疲倦等全身不适症状就医，随后在北京的医院被诊断为感染狂犬病，回到家治疗数天后于 8 月 12 日晚 8 时许死亡。

烫烧咬伤是生活中常见的伤害事故，只要平时多加注意，很多时候是可以避免的。万一不幸受此类伤害，如果处理得当则会将伤害降到最低，处理不当则会造成生命危险。

一、烫伤

烫伤是生活中常常遇到的事故，如图 5-46 所示。在家庭生活中，最常见的是被热水、热油等烫伤，对于在校的学生而言，大多数烫伤是因为热得快、开水瓶爆裂、电热水袋的爆炸。

1. 烫伤防范

(1) 切忌贪图便宜，使用劣质开水瓶。劣质塑料外壳，易老化、易变性，容易“掉底子”，摔破后烫伤脚。

(2) 切忌违章使用“热得快”烧水，水在开水瓶这个细长狭窄的容器里迅速升温，压力突然增加很容易导致水瓶爆炸。

图 5-46　烫伤

(3) 慎用或不用电暖宝有讲究。在购买暖宝宝时，要选择合格产品，“三无”电暖宝不仅容易出现漏液烫伤，甚至有火灾隐患；充电前，要保持其插座干燥；充电时，先将插头插入储水式电暖宝上插口，再接通电源，待袋身略微鼓起，先切断电源再拔下袋上插头，正常充电时间为 5 ~ 10min。使用时，要按照说明书的要求隔着一层衣服，防止皮肤被烫伤；长期使用暖宝宝，人体对其会产生依赖性，造成人体御寒能力减退，因此年轻人能不用则尽量不用。

(4) 家里的电熨斗、电暖器等发热的器具会使人烫伤，在使用中应当特别小心，尤其不要随便去触摸。

(5)从炉火上移动开水壶、热油锅时，应该戴上手套用布衬垫，防止直接烫伤，端下的开水壶、热油锅要放在人不易碰到的地方。炒菜、煎炸食品时，不要距离太近，以防被溅出的热油烫伤。做菜时，注意力要集中，不要把水滴到热油中，否则热油遇水会飞溅起来，把人烫伤。油是易燃的，在高温下会燃烧，做菜时要防止油温过高而起火。万一锅中的油起火，千万不要惊慌失措，应该尽快用锅盖盖在锅上，并将油锅迅速从炉火上移开或者熄灭炉火。

2. 烫伤的紧急处理

烫伤后最重要的是给皮肤降温，降温最有效的方法是用冷水冲。烫伤后，要特别注意烫伤部位的清洁，不能随意涂擦外用药品或代用品，防止受到感染，给医院的治疗增加困难。被烫伤后用“土方子”往往都不可取，涂抹酱油、牙膏后会阻止伤口的热量散出，导致进一步灼伤深层皮肤，反而加重伤情。

正确的处理烫伤方法步骤如图5-47所示。

图5-47 烫伤的紧急处理

二、烧伤

烧伤是由火焰、灼热的液体、固体和气体、热辐射、电流、化学物质、放射线等所引起的一种损伤（热液所引起的，又称烫伤），如图5-48所示。它不仅伤及皮肤或相邻组织，还影响全身重要内脏器官，引起剧烈病理生理变化，尤其是大面积烧伤常并发严重休克及感染，死亡率很高，至于外貌的改变和心理影响也是不可忽视的。

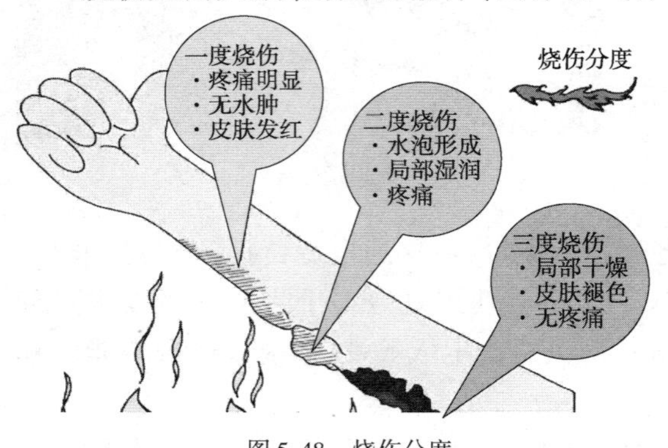

图5-48 烧伤分度

1. 烧伤防范

(1)日常生活中要提高安全意识，小心火源和热物品，严防火灾的发生。

（2）家中请勿储存易燃易爆、强腐蚀性危险化学物品或液体，如强酸强碱、汽油等。

（3）使用腐蚀性化学物质时，应穿戴好防护用品，皮肤上有伤口时，更应注意防护。

（4）安全用电，不违章操作，防止电灼伤。

（5）家中有小孩时，应加强对小孩的看护，严防热液、火、电灯造成烧烫伤。

2. 烧伤的紧急处理

（1）快速中止烧伤，防止烧伤面积加大，深度加重。对于热力烧伤，要立即脱去着火或沸液浸渍的衣服或就地慢慢打滚扑灭火焰（图 5-49），或用水浇、湿布覆盖，勿奔跑呼叫以免助燃或烧伤头面部和呼吸道，也不要用手扑火，以免手烧伤。特别要注意：

①已灭火而未脱去衣服，特别是毛衣和棉衣，务必仔细检查是否有余火未灭，以免造成二次烧伤。

②若在家中或其他建筑物发生火灾，应卧倒，用湿毛巾捂住口鼻，看清火源后再设法迅速撤离，切勿喊叫和慌乱，或随便从高处跳下。

③致热源中止后，不要强行清除粘在皮肤上的污物及衣服残片，应直接用清水冲洗创面，或对创面进行浸泡或湿敷后送医院。

（2）对于酸、碱或其他化学品烧伤，应迅速脱掉被浸湿污染的衣服，用大量清水持续冲洗创面（30 ~ 60min），以稀释和除去创面上存留的化学物质，切忌为寻找中和剂而延误冲洗。眼部化学烧伤禁用手或手帕揉擦。

①生石灰烧伤时，应用干布将残余石灰粉擦干净，再用水冲洗，以免生石灰遇水产热，加重损伤，如图 5-50 所示。

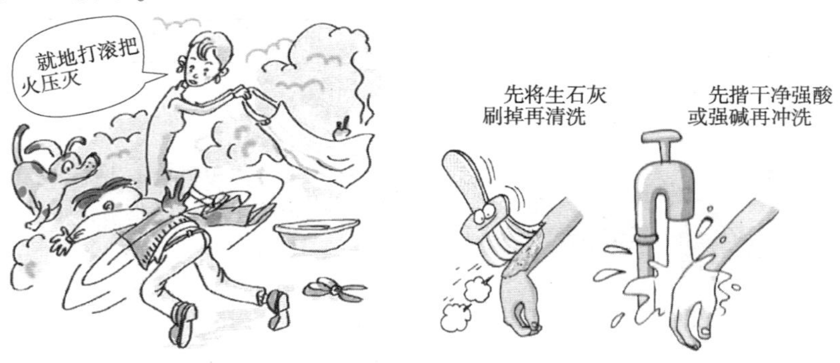

图 5-49　烧伤紧急处理　　　图 5-50　生石灰烧伤紧急处理

②磷烧伤时，务必将黏附在皮肤上的磷颗粒全部冲掉。如一时缺水，可先用多层湿布包扎创面，防止磷遇空气再燃烧；禁用任何油质敷料包扎创面，以免增强磷的溶解与吸收，引起严重的磷中毒。

（3）对于热压伤，急救时，应立即切断热源，并用最快的方法取出肢体，以免造成二次热压伤。取出肢体后尽快将受伤肢体用大量自来水冲洗或浸泡，以减轻疼痛和继发性损伤。如果并发皮肤撕脱伤或开放性骨折，应尽快高位压迫止血或扎止血带止血。

3. 典型烧伤的急救措施

（1）保护创面不再被污染或损伤。创面不作特殊处理，不涂红汞、甲紫一类有色的外用药。大面积烧伤创面涂红汞可能导致汞中毒，同时也影响创面深度的判断。在现场急救中对创面进行的任何处理（如移去上皮、水泡等），都是徒劳无益，而且错误的。当然，化学烧伤应区别处理。

(2)及时送医。伤员经现场简易急救后,应尽快送往临近医院救治。对中、重度烧伤,应在休克未发生前或休克已控制后及时送医。护送途中要注意防止休克,搬运时动作要轻柔,行动要平稳,以尽量减少伤员痛苦。

(3)重视呼吸道烧伤的重要性,及时有效的处理。

(4)伤员口渴不随意给白开水,以免造成水中毒或急性胃扩张。

(5)切勿忽视了合并伤或中毒的处理。有骨折者应予以固定,有出血时应紧急止血,有颅脑、胸腹部损伤者,必须给予相应处理并及时送医院救治。

三、咬伤

咬伤主要是被动物咬伤:一是外出遇到疯狗咬伤;二是在山上或草地里被蛇虫咬伤;三是与狗、猫等宠物戏逗被咬伤、抓伤。

1. 被动物咬伤的防范

预防被动物咬伤,对不熟悉的动物,要有警惕心理,做到"防咬之心不可无",特别是对遇到的野猫野狗等动物,应与它们保持一定的安全距离;要减少对动物的挑逗,不去主动伤害猫狗等动物。野外活动时,特别是夏天,蛇虫活跃度高,一定要穿戴好防护装备,准备好应急药品,不主动招惹或伤害蛇、马蜂等小动物。

与狗相处的5点注意事项见表5-11。

与狗相处的5点注意事项 表5-11

序号	图　示	说　明
1		在狗看到你、嗅到你前,不要摸它(包括自己的狗)。不要去亲近一条不熟悉的狗
2		不要打扰狗睡觉、进食、啃咬玩具
3		追逐是狗的天性,被狗吓了千万不要撒腿就跑

续上表

序号	图　示	说　明
4		正确的做法是站着不动，勇敢面对，但不要直视狗的眼睛，否则被认为是蓄意挑衅
5		如果狗已经开始攻击你，把所有东西都丢给它，转移其注意力，拖延时间

2. 被动物咬伤的紧急处理

如果一旦不幸被动物咬伤，应立即做急救处理，否则可能贻误救治的最佳时机，造成更大的损失与伤害。

1）被猫狗咬伤的急救措施

被猫狗咬伤对人的危害较大，因为猫狗的牙齿生长着各种病菌和病毒，很容易通过伤口侵入人体，引发疾病，甚至造成破伤风致人死亡。如果是被疯狗咬伤，还会由狂犬病毒引发狂犬病，狂犬病致人死亡率非常高。被猫狗咬伤决不能轻视，必须采取紧急处理措施，如图5-51所示。

图5-51　被猫狗咬伤后的紧急处理

（1）一般情况下一旦被狗咬伤，都应按照疯狗咬伤处理。

（2）被猫狗咬伤后，要立即处理伤口。首先在伤口上方扎止血带（可用手帕、绳索等代用），防止或减少病毒随血液流入全身。

（3）迅速用洁净的水或肥皂水对伤口进行流水清洗，彻底清洁伤口。然后擦上75%的酒精进行消毒，最后涂抹2%～3%的碘酒，对伤口不要包扎。

（4）迅速送往医院进行诊治。在24h内注射狂犬病疫苗和破伤风抗毒素。

2）被蛇咬伤的急救措施

千万不要惊慌、奔跑，那样会加快毒素的吸收和扩散，应立即就地自救或互救，如图5-52所示。

（1）立即用皮带、布带、手帕、绳索等物在距离伤口3.5cm的地方缚扎，以减缓毒素扩散速度。每隔20min需放松2～3min，以避免肢体缺血坏死。然后向离伤口稍远一点的地方重

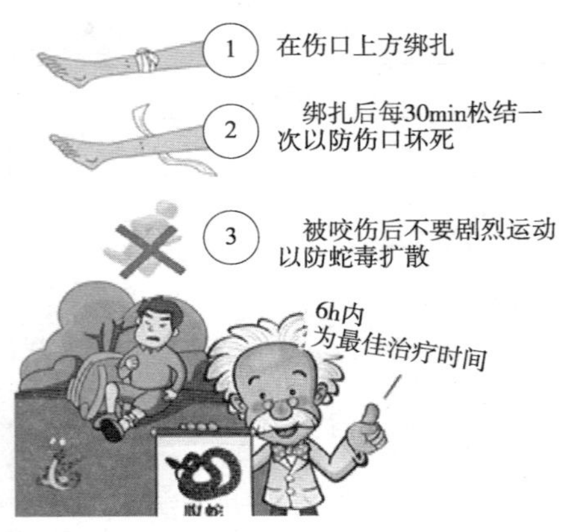

图5-52 被蛇咬伤的急救

新缚紧。

(2)用清水冲洗伤口,如果能用生理盐水或高锰酸钾液冲洗更好。此时,如果发现有毒牙残留必须拔出。

(3)冲洗伤口后,用消过毒或清洁的刀片,连接两毒牙痕为中心做"十"字形切口。切口不宜太深,只要切至皮下能使毒液排出即可。

(4)有条件的话,可以用拔火罐或者吸乳器反复抽吸伤口,将毒液吸出。紧急时也可用嘴吸,但是吸的人必须口腔无破溃,吸出毒液后要充分漱口。吸完后,要将伤口温敷,以利毒液继续流出。

(5)可点燃火柴,烧灼伤口,破坏蛇液。

(6)尽快服用各类蛇伤药,咬伤24h后再用药无效。同时,用温开水或唾液将药片调成糊状,涂在伤口周围的2cm处,伤口不要包扎,尽可能使伤口部位放在低处,患者口渴,可以喝水,但严禁饮用含有酒精的饮料,以免毒液循环更快。

(7)经处理后,要立即送往附近医院。

3)被毒虫咬伤的紧急自救

在家中或野外游玩中被有毒蚊虫叮咬后,由于无法尽快到医院接受救治,现场自救就显得尤为重要了。

(1)如被马蜂、蜜蜂等蜇伤,要先用针将伤处刺透,挤压肿块,将毒汁与毒水尽量挤干净。如有毒刺刺入皮肤,先拔去毒刺(图5-53),然后用碱水洗伤口。没有针的话,也可用煤油将碱面调成糊状涂患处,起到解毒、止痒、消肿、止痛的作用,还可将大蒜、生姜、韭菜捣烂后涂于患处或将随身携带的清凉油、风油精或红花油反复涂搽患处。

(2)如果被蚂蟥咬住,不要惊慌失措地使劲拉开,可用手掌或鞋底用力拍击,使蚂蟥的吸盘和颚片自然放开。蚂蟥很怕盐,在它身上撒一些食盐或者滴几滴盐水,它就会立刻全身收缩而跌下来。

(3)如果被黑寡妇、棕色遁蛛咬伤(图5-54)或被蝎子蜇伤后,出现严重过敏反应,应立即拨打120并进行紧急处理。先彻底清洗伤口,在伤口涂抗生素药膏包扎,用冰袋冷敷患处减轻水肿和疼痛,未经专业急救处理的伤者,应督促其主动就医。

图5-53 拔取毒刺

图5-54 被蜘蛛咬伤

课堂实践

1. 说一说被动物咬伤的案例,分析原因和急救方法。
2. 如何提醒亲朋好友免受动物伤害?

模块7　意外伤害的安全知识与危险处理

学习目标

完成本模块学习后,你应能:
1. 了解常见的意外伤害;
2. 掌握常见意外伤害的急救处理方法。

建议课时

2课时。

典型案例

2016年5月12日早晨6时10分左右,某学校早操集合时间,大量学生同时急着下楼集合,学生李某在下楼梯过程中由于跑得太急不慎摔倒,造成胳膊骨折,在家休养一个月才回到学校上课。

2017年5月15日,大风天气,某学校学生小赵,作为当天的值日生,他负责打扫教学楼下墙根花坛里的垃圾,就在小赵弯腰捡拾垃圾的时候,楼上一块不牢固的窗户玻璃被大风吹落,恰巧砸在小赵背上,破碎的玻璃造成小赵背部多处割伤。

2017年9月3日,某校17级学生王某,在校园内边走路边看手机视频,与迎面骑摩托车疾驰而来的学生孙某相撞,王某被当场撞飞,经送医院检查,造成身体多处擦伤和轻微脑震荡。

以上几起校园意外事故的发生,给学生的身体造成了很大伤害,严重影响了学习进程。从各类校园意外事故的发生原因可以看出,有些事故是由疏忽大意造成,是可以避免的。

意外伤害是指突然发生或意料不到的对人体的伤害,如摔伤、烧烫伤、高空坠物、溺水、触电、交通事故等。根据相关媒体报道,校园作为人员密集场所,学生在上课、运动、住宿等环节的意外伤害事件频发。有关专家指出,通过教育和学习,80%的意外伤害是可以避免的。

一、常见校园意外伤害事故

常见校园意外伤害事故的种类见表5-12。

常见意外伤害事故种类及特点　　表 5-12

事故种类	原　因	易发时期
摔(跌)伤	多发易发,伤势轻重不一,轻则破皮流血,重则骨折伤残,多由地面湿滑、个人不小心等原因导致,常见的伤害是骨折	学生上下楼梯及课外活动时间
运动扭伤	主要是关节、筋、肌肉拉伤扭伤,伤势轻微的简单处理后休息几日即可痊愈,伤势中的需要送医院救治,常见的有踝关节扭伤	多发生于学生课外活动或体育运动中
拥挤踩踏	突发性强,人员踩上挤伤等伤害较重	多发生于教学楼、宿舍楼等人员密集场所大量人员同时着急上下楼梯阶段
高空坠物	砸伤一般较重,多由不牢固的窗户、墙面附着物、广告牌等自行或外力致其脱落及人为抛物造成	大风、大雨等恶劣天气过程
溺水	多发生在城镇和农村地区的无人看管的河道、池塘、水库、水坑等野外水域和游泳技能半生不熟的学生群体中,多在学生自行结伴游玩的过程中	多发生在入夏后的节假日和放学后
烧烫伤	伤势轻重不一,原因多种多样,多由不小心、大意造成	多发生在学生使用热水、意外火灾等过程中
触电	危害一般较大,多由用电器损坏、故障或学生不安全用电操作等原因造成	学生使用电器、充电等过程中
交通事故	多由学生交通违章、危险驾驶或他人交通肇事等原因造成	多发生在离校返校路途中

二、校园意外伤害的安全防范

校园是我们成长的摇篮,是我们学习的乐土。可意外就隐伏在其中某一角落,同学们要从自身做起,遵守纪律,规范行为,提高警惕,排查隐患,让意外伤害从我们身边消失。

(1)增强安全意识,避免出现任何危害自己或他人生命安全的行为。

(2)自觉维护校园秩序,不在课上、课余打闹追逐。

(3)不爬高(含爬墙、窗、树、栏杆、阳台、篮球架等);不在校园内骑机动车或电动车;不登上窗台擦抹教室无走廊一侧的玻璃窗户。

(4)不扔石头、木块、玻璃球等硬物件,不从高处往下抛扔东西。

(5)进出校门、楼门、上下楼梯等注意安全:让一让,等一等,不推挤。

(6)洗漱或去卫生间,要防滑倒,卧床休息或就寝,要防坠床。

三、校园意外伤害的危险处理

1. 摔(跌)倒骨折

由于不慎跌倒、滑落或其他事故,可能发生骨折现象。急救时,骨折处要保暖防凉,疼痛严重时可给伤员服用止痛药。开放性骨折首先止血。脊椎骨折时,要防止因搬动不慎损伤脊椎引起瘫痪。四肢骨折后,为避免损伤局部的肌肉、血管、神经等,要防止骨折端错动,也不要勉强去复位。找固定材料如木板、竹板等为伤肢进行固定。

2. 踝关节扭伤

美国曾有一项针对中学生进行的研究调查,发现在2000多位的运动员中,脚踝关节受伤的就占了14%,而其中85%的脚踝受伤都是扭伤。所以在运动时,不管是曾经扭伤过或者需要经常活动的人,预防脚踝扭伤都是一个很大的课题。具体可从四个方向着手:合适的鞋子;良好的场地,脚踝扭伤的祸首也往往仅只是一颗石头、一块凸起的小泥巴或是一个坑洞;脚踝的保护,可用贴、扎等方式来保护踝关节;恢复踝关节的功能,可通过运动前进行拉筋运动、本体感觉训练、脚板外旋肌肌力训练来达成。

发生踝关节扭伤,要高抬患肢(图5-55),先用冰袋或冷毛巾敷,以减轻疼痛和皮下出血,然后用活血散淤的药膏外贴患处。在旅途中即无药物又无胶布,还可以用一只手握住扭伤的脚踝,另一只手抓住脚趾,由外向里摇晃,再让脚趾尽量向下弯曲,然后使脚尖尽量向上弯曲,反复多次,会有所好转。如果是严重扭伤,如韧带完全撕裂,踝关节不稳定者,严禁乱按乱揉,要立即送医院。

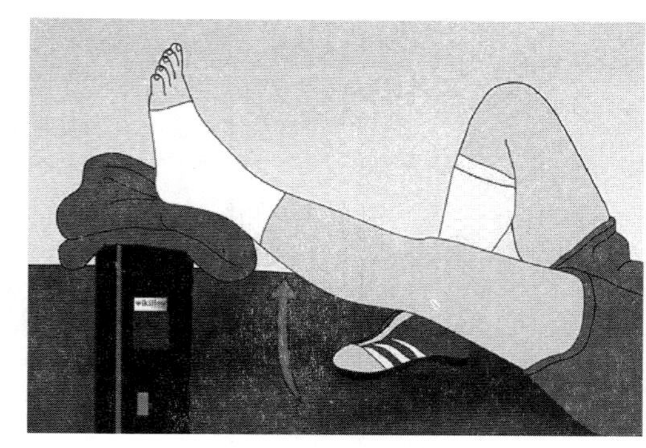

图5-55　脚踝扭伤

3. 大小外伤出血

如果不幸因外伤而出血(图5-56),应尽快止血。止血的方法有很多,见表5-13。如果不能止血,要尽快送医院处理。

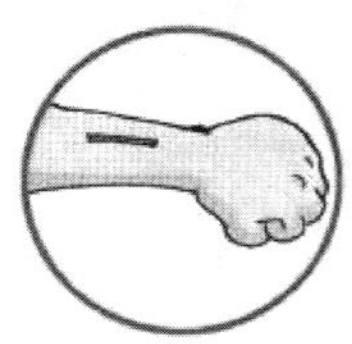
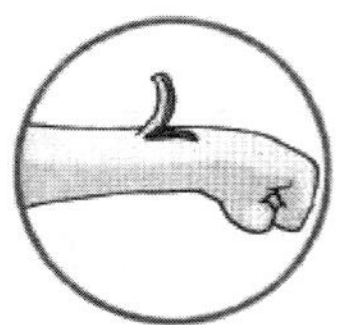
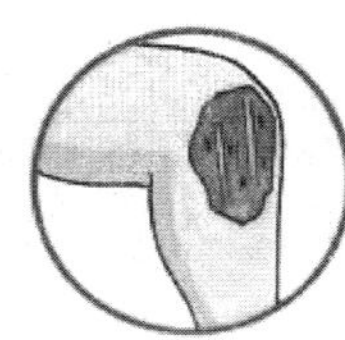
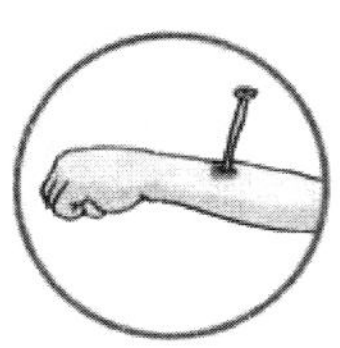

图5-56　外伤出血

常用止血方法　　表5-13

止血方法	适用及操作方法	特　点	图　示
指压止血法	用于较大的动脉出血，用拇指压住出血的血管上方（近心端），使血管被压闭住，中断血液	方便、快捷、临时	
加压包扎止血法	用于小动脉以及静脉或毛细血管的出血，伤口覆盖无菌敷料后，再用纱布、棉花、毛巾、衣服等折叠成相应大小的垫，置于无菌敷料上面，然后再用绷带、三角巾等紧紧包扎，以停止出血为度	适用广，最常用	
屈肢加垫止血法	适用于四肢非骨折性创伤的动脉出血的临时止血措施。当前臂或小腿出血时，可于肘窝或腘窝内放纱布、棉花、毛巾作垫，屈曲关节，用绷带将肢体紧紧地缚于屈曲的位置	夹的东西没有具体要求，不划伤皮肤就行	
止血带止血法	只适用四肢大出血，当其他止血法不能止血时才用此法，在急救中主要使用橡皮和布性止血带。使用时止血带应放在伤口的近心端，先用毛巾或其他布片、棉絮作垫，要扎得松紧合适，一般以不能摸到远端动脉搏动或出血停止为度	最危险、最有效，方法比较简单，但使用原则较复杂	

4. 拥挤踩踏

（1）校园踩踏发生的场合和时间。从地点上，校园踩踏事故一般都是发生在学校教学楼或宿舍楼的楼梯上，并且大多数发生在楼梯的拐角处。从时机上看，踩踏事故多发生在学生下晚自习、参加升旗仪式、做操、集会、下课、放学、就餐等群体活动的往返途中。从危害后果上看，踩踏事故一经发生，几乎都会造成学生伤亡的结果，而且往往是群体性伤亡，危害极大，影响十分恶劣，社会关注度极高。

(2)校园踩踏事故的主要原因。一是逆行，在拥挤的通行人群中逆行是高度危险的行为。在狭窄的楼梯上，一部分学生上行，另一部分学生则下行，当通行人数众多，上、下行人群互相干扰、阻碍时，很容易导致学生恐慌和互相推挤，进而引发踩踏事故。二是在拥挤的通行人群中摔倒，往往会成为踩踏事件的直接诱因。由于行走时注意力不集中，在下台阶时不慎踩空而摔倒；或者由于雨雪天楼梯湿滑，行走时不慎滑倒，而紧随其后的学生由于后面人群的裹挟前行无法止步，相继被绊倒，从而发生踩踏事故。

(3)拥挤踩踏的危险处理见表5-14。

拥挤踩踏的应急处理　　表5-14

序号	紧急情况	应对措施	图示
1	发现拥挤的人群向自己行走的方向涌来	立即躲到一旁，不要慌张，不要奔跑，避免摔倒	
2	发现自己前面有人突然摔倒	马上停下脚步，大声呼救，告知后面的人不要向前进	小心呀，有人摔倒了！
3	发现拥挤的人流向自己涌来且与自己行进方向相反	立即停止前进，顺着人流走，否则很容易被人流推到	不能逆行，太危险
4	不幸被人推倒或踩踏摔倒	首先设法靠近墙角，身体蜷缩成球状，保护自己脆弱的后脑和肋骨部位。要想办法将双膝尽量前屈，护住胸腔和腹腔的重要脏器，侧躺在地	
安全提示：任何情况下都要首先听从救援人员的指挥，有序疏散，因为他们最熟悉现场所有的安全出口的位置和状况			

5. 高空坠物

专家用证明：人的颅骨可以承受的极限是200～500kg，从中高楼层扔一个鸡蛋下来，虽然理论上没有达到颅骨骨折的极限，但是砸在头上，也可能导致脑震荡或者颅内出血死亡。如果换成同等质量的石头或其他坚硬的物品，所造成的伤害要高1.5～3倍。

预防校园高空坠物，校方要定期检查、排查高空坠物隐患，及时加固维修；对于易发生高空坠物区域，设置警示标识牌；作为学生要养成文明习惯，不做主动抛物违法行为；如果行走在高层建筑路段，注意查看警示标识，尽量走有防护内街或绕行；刮风下雨天是坠物的高峰期，更要小心注意。

公德广告

扔出窗外的不是垃圾，是人品——别让你的人品散落一地！

6. 触电、溺水、烧烫伤和交通事故伤害

具体见本教材相关模块。

课堂实践

1. 结合身边，谈谈骨折伤者的现场急救有哪些注意事项？
2. 如何选择出血的适当止血方法？

模块8　溺水的安全知识与心肺复苏急救

学习目标

完成本模块学习后，你应能：

1. 掌握溺水、游泳安全防范及其救助；
2. 会对溺水者进行心肺复苏急救。

建议课时

2课时。

典型案例

2017年6月24日17时左右，在澄迈县永发镇岑后村，永发大桥附近，有7名中学生相约在南渡江边钓鱼，其中一人意外落入水中，两名同伴施救，不幸双双落水。

2017年7月10日16时30分许，万宁市8名未成年人在乌场海域玩耍，其中4人下海游泳发生意外，3人不幸溺水身亡，1人获救已脱离生命危险。

2017 年 8 月 5 日 17 时左右，位于金山区松隐镇一砂石厂西侧河道码头，一名年仅 17 岁的少年在学习游泳时不幸溺水，18 时 40 分左右，救援人员终于在水中找到了少年，不幸的是，少年已经死亡。

学生安全不容忽视，特别是夏季，家长、老师都会不停地叮嘱同学们：注意安全，不要私自去游泳，但不时还是会有溺水身亡的噩耗传来，溺水事故已成为中小学生非正常死亡的主要诱因，严重威胁学生的生命安全。

不小心落水或游泳中遭遇到抽筋、疲乏、旋涡、急浪等意外，致人淹没于水中，呼吸道被水、污泥、杂草等杂质阻塞，喉头、气管发生反射性痉挛，引起窒息和缺氧，甚至死亡称为溺水。发生溺水后其症状为面部青紫、肿胀、双眼充血，口腔、鼻孔和气管充满血性泡沫，肢体冰冷，脉细弱，甚至抽搐或呼吸心跳停止。

学生溺水事故是个沉重的话题，事情一旦发生，就可能意味着花季学生的离去，令人扼腕叹息。痛定思痛，缺少安全防范意识，遇到意外时慌张、不能沉着自救，施救者不掌握正确救援方法，都是溺水伤亡事故高发的主要原因。

一、溺水防范

（1）掌握游泳技能和自救技巧，这是防止溺水的关键。

（2）不要独自一人外出游泳，更不要到不摸底和不知水情或比较危险且容易发生溺水伤亡事故的地方去游泳，如图 5-57 所示。选择好的游泳场所，对场所的环境，如该水库、浴场是否卫生，水下是否平坦，有无暗礁、暗流、杂草，水域的深浅等情况要了解清楚。

（3）不要私自在海边、河边、湖边、江边、水库边、水沟边、池塘边玩耍、追赶，以防滑入水中。

（4）严禁私自外出钓鱼，因为钓鱼蹲在水边，水边的泥土、沙石长期被水浸泡，便很松散，有些水边长年累月被水浸泡还长了一层苔藓，一踩上去就滑入水中，即使不滑入水中都有被摔伤的危险。

图 5-57　禁止野游

（5）必须要有组织并在老师或熟悉水性的人的带领下去游泳，以便互相照顾。如果集体组织外出游泳，下水前后都要清点人数并指定救生员做安全保护。

（6）要清楚自己的身体健康状况，平时四肢就容易抽筋者不宜参加游泳或不要到深水区游泳。要做好下水前的准备，先活动活动身体，如水温太低应先在浅水处用水淋洗身体，待适应水温后再下水游泳。镶有假牙的人士，应将假牙取下，以防呛水时假牙落入食管或气管。

（7）对自己的水性要有自知之明，下水后不能逞能，不要贸然跳水和潜泳，更不能互相打闹，以免呛水和溺水。不要在急流和漩涡处游泳，更不要酒后游泳。

（8）在游泳中如果突然觉得身体不舒服，如眩晕、恶心、心慌、气短等，要立即上岸休息或呼救。

（9）到公园划船或乘坐船时必须坐好，不要在船上乱跑，或在船舷边洗手、洗脚，尤其是乘坐小船时不要摇晃，也不要超重，以免小船掀翻或下沉。

(10)坐船时，一旦遇到特殊情况，一定要保持镇静，听从船上工作人员的指挥，不能轻率跳水。如果出现有人溺水，更不要贸然下水营救。

(11)遇到大风大雨、大浪或雾太大的天气，最好不要坐船，也不要在船上玩。

(12)遇到有人溺水，应在保证自身安全情况下积极正确施救。

牢记在心中

天气再热，不到河塘去降温；水景再美，不到水中去感受；
水性再好，没有保障不下水；别人再劝，不用生命去逞能。

二、游泳不适自救

游泳运动是男女老幼都喜欢的体育项目之一，游泳是在水这种特殊的环境中进行的。因此，应特别注意安全教育，防止意外事故发生。不论是初学者还是掌握了一定游泳技术的人，必须强化安全防范意识，以引起每个游泳参与者的高度重视。

(1)游泳过程中自感体力不支或发生其他异常情况，立即取仰卧漂浮泳姿，并向岸边浮动或固定支撑的目标靠近，同时向他人发出求救信号。

(2)抽筋是比较常见的现象，遇到小腿肌肉痉挛时，应及时仰卧水面，一手将膝盖下压伸直，另一手握住脚尖向身体方向牵拉；胃部痉挛则将两腿屈膝贴近腹部，随即伸直；大腿痉挛，两手抱住小腿，使大腿与身体成直角，用力掰拉并加颤抖。

(3)耳朵进水，由于水的压力游泳时耳朵进水是很正常的。进水后不要用手去抠。正确的做法是，将头歪向有水一侧的耳朵，收起异侧脚。耳朵有温热的感觉，水自然流出。

(4)游泳时呛水处理，学习游泳时遇到的第一关就是呼吸。初学者由于呼吸节奏不够熟练容易破坏水中的呼吸节奏，水从口鼻中进入呼吸道而引起的呛水。呛水时不能慌张，这时应该马上抬头站立调整呼吸，直到呼吸平稳再继续游泳前进。

为防止游泳出现不适，游泳前先在四肢撩些水，不要立刻跳入水中；不能空腹和饱腹游泳；身体患病、喝酒后不宜游泳；女生更不要在特殊的生理期间游泳。

三、溺水自救

意外溺水自救，具体见表5-15。

溺水自救 表5-15

步骤	图示	说明
1	水母漂	首先必须保持冷静，不要惊慌失措；要相信人在水中是可以漂浮的，即使不会游泳，落水后人体也是随着水的浮力起伏

续上表

步骤	图　示	说　明
2		不要在水中胡乱扑腾，一定要保持体力，顺着水的起伏，脚用力向下蹬，手向下划水，当头露出水面时尽量呼吸空气；取仰卧位，头部向后仰，使鼻部露出水面呼吸
3		附近有人，可以大声呼救；如果附近没有人，这时就要寻求自救，尽量寻找、抓住一些漂浮物

四、救助溺水者

（1）下水救人。在确保自身安全且认为自己具备水中救人能力后方可下水救人。救人者下水后，应迅速游到溺水者附近，观察清楚位置，从其后方出手救援，如图 5-58a）所示，或投入木板、救生圈、长杆等，让落水者攀扶上岸，如图 5-58b）所示。

a)

b)

图 5-58　施救溺水者

（2）清除口鼻里的堵塞物。溺水者头朝下，用手指清除其口中杂物，再用手掌迅速连续击打其肩后背部，让其呼吸道畅通，并确保舌头不会向后堵住呼吸通道。

（3）清除呼吸道堵塞物后，要立刻倾出呼吸道积水。抢救者一腿跪地，另一腿屈起，将溺水者俯卧于屈起的大腿上，使其头足下垂；然后颤动大腿或压溺水者背部，使呼吸道内积水倾出；或者将溺水者俯卧于抢救者肩部，使其头足下垂，当抢救者来回跑动时就可倾出其呼吸道内积水，注意千万不能让溺水者头朝上抱着，如图 5-59 所示。

图 5-59　使溺水者呼吸道内积水倾出

(4)恢复溺水者呼吸是急救成败的关键,应立即进行心肺复苏术急救,在急救的同时应迅速送往医院救治。

五、心肺复苏术

心肺复苏术简称 CPR,就是当呼吸终止及心跳停顿时,合并使用人工呼吸及心外按摩来进行急救的技术。但凡溺水、心脏病、高血压、车祸、触电、药物中毒、气体中毒、异物堵塞呼吸道等导致的呼吸终止、心跳停顿,在医生到来前,均可利用心肺复苏术维护脑细胞及器官组织不致坏死。在 4 ~6min 内进行有效的心肺复苏,抢救成功率为 50%。徒手心肺复苏术是一种抢救技术,它不是医护人员的专利,而是我们应该熟悉和掌握的一种急救术。

1. 心肺复苏术操作流程

在进行心肺复苏前,应松解衣领及裤带,让病人仰卧于地上或木板上,头上不垫枕头及其他物品,这是心肺复苏术的正确体位。如果病人俯卧,应将其翻转为仰卧位,手法要轻柔,特别要注意头颈部,一定不能用力过大。如果病人躺在松软的床上,背部要垫上木板。操作流程见表 5-16。

心肺复苏术操作流程　　表 5-16

步骤	图　示	操作说明
(1)判断意识		轻拍患者双肩、在双耳边呼唤。用看、听、试的方法(见模块 1),判定伤员呼吸心跳情况,若看、听、试的结果是,既无呼吸又无颈动脉搏动,可判定呼吸心跳停止
(2)求救		高声呼救:"快来人啊,有人晕倒了。"接着联系 120 求救,立即进行心肺复苏术急救
(3)胸外心脏按压		心脏按压部位为胸骨下半部,胸部正中央,两乳头连线中点。双肩前倾在患者胸部正上方,腰挺直,以臀部为轴,用整个上半身的质量垂直下压,双手掌根重叠,手指互扣翘起,以掌根按压,手臂要挺直,胳膊肘不能打弯。一般来说,心脏按压与人工呼吸比例为 30:2

续上表

步骤	图　示	操作说明
(4)检查及畅通呼吸道		取出口内异物,清除分泌物。用一手推前额使头部尽量后仰,同时另一手将下颏向上方抬起
(5)人工呼吸		通过将耳部放在病人口鼻处、看患者胸部有无起伏、用脸颊接近患者口鼻感觉有无气流等方法判断是否有呼吸。如果无呼吸,应立即给予人工呼吸2次,保持压额抬颏手法,用压住额头的手以拇指食指捏住患者鼻孔,张口罩紧患者口唇吹气,同时用眼角注视患者的胸廓,胸廓膨起为有效。待胸廓下降,吹第二口气
备注:完成一个循环的5个步骤后,观察复苏情况		

2. 心肺复苏术注意事项

(1)口对口吹气量不宜过大,一般不超过1200mL,胸廓稍起伏即可。吹气时间不宜过长,过长会引起急性胃扩张、胃胀气和呕吐。吹气过程要注意观察患(伤)者气道是否通畅,胸廓是否被吹起。

(2)胸外心脏按压,只能在患(伤)者心脏停止跳动下才能施行。

(3)口对口吹气和胸外心脏按压应同时进行,严格按吹气和按压的比例操作,吹气和按压的次数过多和过少均会影响复苏的成败。

(4)胸外心脏按压的位置必须准确。不准确容易损伤其他脏器。按压的力度要适宜,过大过猛容易使胸骨骨折,引起气胸血胸;按压的力度过轻,胸腔压力小,不足以推动血液循环。

(5)施行心肺复苏术时应将患(伤)者的衣扣及裤带解松,以免引起内脏损伤。

心肺复苏操作要点见表5-17。

心肺复苏术操作要点　　表5-17

施救者应该	施救者不应该
以100~120次/min的频率实施胸外按压	以少于100次/min或大于120次/min的频率实施胸外按压
按压深度至少达到5cm	按压深度小于5cm或大于6cm
每次按压后让胸部完全弹回	在按压间隙倚靠在患者胸部
尽可能减少按压中的停顿	按压中断时间大于10s
给予患者足够的通气(30次按压后2次人工呼吸,每次呼吸超过1s)	给予过量通气(即呼吸次数太多,或呼吸用力过度)

课堂实践

使用心肺复苏模型，进行心肺复苏术的演练。

模块 9　就业求职的安全知识与危险处理

学习目标

完成本模块学习后，你应能：

1. 认识就业求职过程中可能存在的骗术和陷阱；
2. 能正确辨别出求职中的骗术和陷阱，并掌握防骗措施。

建议课时

2 课时。

典型案例

张某、吴某、李某是在同一职校上大三的美术专业的同学。2013 年 2 月的一天，认识张某的周某从广州打来电话，说他现在是一家广告公司的业务副经理，因业务发展，急需招聘美术、广告设计方面的人才，希望张某和他同学能利用暑假，来广州打工，月工资 6000 多。如果可以，毕业后可去该公司工作。张某便与同学吴某、李某三人一起到了广州。第二天，周某拿来合同书让他们每人填写了一份，并说："您们现在已与公司签订了合同，明天就正式上班，但每人要交押金 3000 元。如辞职离开公司，押金随时如数退还"。三人一想，既有熟人，又有合同和承诺，便把准备交学费和生活费的钱交了押金。当天下午，周某就带三人开始岗前"培训"。"培训"并不是讲广告设计等工作方面的事情，而是讲怎样赚钱，怎样暴富以及"发展下线、金字塔"等。在这样几次的"培训""洗脑"中，主讲人慢慢地就撕掉了遮羞布，"传销"的面目暴露无遗。几天后，公司让他们"上班"，就是打电话蒙骗您认识的、想找工作的人来"工作"。他们三人就这样上了"贼船"。转眼到了开学，他们也没有回校上课。学校向家里打电话，家里才知道孩子没去学校，吴某、李某的家长从广州把二人追回送到学校。此时，他俩一分钱也没挣下，反而连押金也没有要回来，每人被骗了 4000 多元。而张某却铁了心，死心塌地地走下去，最后被学校除名。

利用招聘，诱骗求职学生踏入非法"传销"陷阱，这在求职过程中是非常常见的。

随着大中专毕业生数量的增加和就业压力的不断增大，毕业生的就业焦虑也越来越高。刚走出校门或还没走出校门，学生求职心情迫切，缺乏社会经验，他们在求职中往往处于弱势地位。一些别有用心的人很容易利用学生求职心切的心理，设置陷阱诱使学生上当，导致求职受骗现象时有发生。

面对这些问题，除了政府发挥应有的作用及学校要加强安全防护措施外，学生自身在求职过程中更要提高警惕，增强自我安全防范意识。

一、求职中常见的骗术和陷阱

1. 黑中介的骗局

这里所指的黑中介并非只是没经过正式注册完全骗取钱财的黑中介机构，为了赚取钱财，部分拥有合法手续的职业中介机构同样也会设置各种名目压榨求职者，如图5-60所示。黑中介惯用的行骗骗术主要有以下几种：

(1)用“直聘”来诱使求职者上套。在报纸上、网站上，一些招聘广告明确打出“非中介”“拒绝中介”等字眼，前去应聘，仍要缴纳中介费、培训费、资料费、上岗费等费用，却迟迟不能上岗。

(2)用诱人条件骗取求职者信任。黑中介往往保证求职者能很快找到工作，“立刻上岗”“高薪急聘”等，如图5-61所示。不少黑中介还拿出“道具”，如某某公司“急聘”的职位表、中介服务承诺书等，其目的就是骗取求职者掏钱。

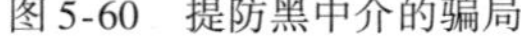

图5-60　提防黑中介的骗局

图5-61　用诱人条件骗取求职者信任

(3)与“用人单位”暗中勾结，联合行骗。一些黑中介甚至找用人单位做“搭档”，提供虚假的招聘信息给求职者，然后合伙行骗，求职者两边受骗。

(4)与“医疗机构”勾结，联合行骗。有些黑中介打着要办理“健康证明”为由，要求职者去指定医院办理健康证明，这样求职者又要被骗取钱财。

2. 黑企业的骗局

黑企业多数是没有注册、常更换名称或地址的非法企业。企业的生产及业务完全是幌子，主要业务就是欺骗求职者的钱。黑心企业常会收取各类押金、上岗费、服装费、培训费，并且在收取了求职者钱财后，会在短期内找借口将求职者辞退；或采取一些手段，如高强度工作、苛刻的管理制度等，逼迫求职者主动提出辞职，从而达到骗钱的目的。

3. 个别正规企业的骗术

这类企业虽然有合法身份，但却采用种种手段欺骗求职者，常见骗术有以下几种：

(1)招聘岗位名不符实。招聘岗位名称往往看起来很高大上，实际却做着挂羊头卖狗肉的勾当，如招聘的是经理助理，实际工作却是市场销售。

(2)试用期骗术。进入企业工作，不确定试用期期限，求职者成为企业的低价劳工，企业最后以求职者试用不合格为由给予辞退,如图 5-62 所示。部分设计类企业、销售企业最喜欢采用这种方式,既完成了项目,又不需要付出较高的人工成本。

(3)先买产品才能上岗。个别公司要求求职者先买公司的产品才能上岗,产品看似利润很高,却很难销售,使求职者利益受损。

(4)在招聘广告中虚报待遇。部分企业在招聘销售员时,只突出每个月可以拿到的高薪,却不说明求职者必须要完成的难以完成的业绩额度。

4. 不骗取求职者钱财的骗术

在求职者求职中,也会遇到不以骗取求职者钱财为目的的企业,主要有以下几种表现方式:

(1)企业发布虚假信息,骗取求职者从事非法活动。如一些贸易、投资方面的骗子公司招聘人员从事一些欺骗客户的业务,个别公司以招聘公关人员、服务人员的名义招聘人员从事色情活动,一些非法传销组织也是以正常招聘的名义骗取求职者进入传销体系,如图 5-63 所示。不知情的求职者进入了这样的公司甚至触犯法律,求职时应注意甄别。

图 5-62　试用期骗术

图 5-63　骗取求职者从事非法活动

(2)招而不聘。此类企业招聘的目的只是获取求职者的有用资料(策划创意、项目方案等),或借招聘名义做企业的形象广告,还有一些参加招聘会的企业只是为主办方凑数而已。

图 5-64　网上招聘骗局的隐蔽性

5. 网上招聘的骗局

网上招聘的骗局主要体现在三个方面:

(1)要求求职者交纳相应费用才提供面试机会,通过网络,行骗者更易于隐蔽自己,安心行骗,如图 5-64 所示。

(2)在人才招聘网发布虚假的招聘广告以宣传企业。目前,中国的招聘网站都采取会员制,部分会员企业充分利用网络,通过不断更新招聘信息来宣传企业,而不是真正想要招聘人员,求职者发简历给这样的企业无疑是浪费时间。

(3)网络传销骗局。有些网上的招聘信息实质是以加入对方的网络传销组织为由骗取会员费。

二、正确防范求职中常见的骗术和陷阱

学生涉世不深，缺乏经验，在找工作过程中很容易受骗。因此，积累一定的求职防骗知识是十分必要的。

（1）毕业生应尽量把就业指导中心或学院提供的需求信息和校内召开的招聘会作为求职主渠道。

（2）通过网上求职或其他途径获取的招聘信息要注意甄别真假，投递简历应充分了解用人单位情况，必要时可向当地人才服务机构或学校就业指导中心咨询、核实，也可直接与该单位的上级主管部门或工商管理部门联系核实。

（3）毕业生自己获取的就业、实习信息请不要随意在网上公布，最好提供给学校相关部门，经核实后再公布，这样才能保证信息的真实性。

（4）毕业生联系工作要通过正当渠道，到用人单位的正式场所公开进行，不得贸然接受陌生人介绍工作跟其前往。

（5）在招聘会、人才交流会上，用人单位邀请毕业生去其他地方洽谈或面试时，要谨慎对待。一定要弄清对方的真实身份，否则切勿前往。特别是女生，不可单独前往其指定的酒店、饭店等场所。

（6）要谨慎面对许诺优厚工作条件的招聘，对声言要出钱疏通，或直接许诺找关系安排工作等情况，要谨防上当。不可参加任何形式的（如传销之类）的活动。

（7）毕业生进行就业洽谈时，用人单位或个人提出收取押金、保证金等其他费用时，不要轻易答应交款。洽谈结束若无把握，不可轻率签订协议。

（8）要多渠道了解用人单位信息，可以通过查询公司所在地的 114 查号台查询，一般正规的公司都在查号台有登记，如果留的是手机号码，就应该提高警惕。

（9）拒绝要求将学历证书、身份证作抵押的职业，求职时不要交身份证。

（10）不要轻信贴在电线杆、车站站台等偏僻角落的“招工信息”。

（11）签订合同时，要看清里面的条款，弄清楚试用期、协议期、见习期、工作时间等。

（12）求职信、简历中只留下个人的联系方式。尽量不要留下家人或朋友的个人信息，以免有人钻空子骗家人或朋友。

三、传销防范及应对

传销是指组织者或经营者，通过对被发展人员以其直接或者间接发展的人员数量或者销售业绩为依据计算和给付报酬，如图 5-65 所示，或者要求被发展人员以交纳一定费用为条件取得加入资格等方式牟取非法利益，扰乱经济秩序，影响社会稳定的行为。

图 5-65　传销的诱惑

1. 传销的本质特征

（1）传销的商品价格严重背离商品本身的实际价值，有的传销组织根本没有任何商品，服务

项目纯属虚构。

(2)参加人员所获得的收益,并非来源于销售商品或服务等所得的合理利润,而是他人加入时所交纳的费用。

2. 传销的主要手段和特点

随着国家打击力度的不断加强,传销的方式变得更加狡诈、隐蔽,欺骗性更强,同学们一定要提高警惕,如图5-66所示。

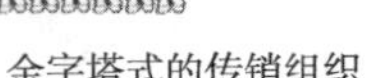

金字塔式的传销组织

以高薪、招聘为幌子的传销方式

传销祸害亲朋好友

图5-66 传销的主要手段和特点

(1)以"拉人头"为主要形式,通过发展下线、团体计酬方式进行。

(2)内部分工明确、等级森严。具体表现:一方面,传销组织要求参与者每天必须集体阅读传销组织的宣传手册,背诵、呼喊、传唱"今天睡地板,明天当老板"等口号,并借助封建、迷信等思想对参加者进行精神控制,许多参加者在这些理念的引导、控制下,逐渐进入一种痴迷状态,沉湎于传销和变相传销的非法活动。另一方面,传销组织的活动严密,实行所谓"家长制"的集中居住模式,普通传销人员统一租住,称为"家庭",设立"家长",负责管理事务,对参与者进行监视、控制,隔绝其与外界的交往、联系。传销组织还会不定期对每位"家庭"成员及租住点进行调配,往往在夜间临睡前突击进行。为了保守秘密,有的组织内部设有打手,专门对不服从组织的人员进行恐吓、殴打,迫其就范。

图5-67 传销活动(集体授课)

(3)传销活动多以集体授课方式进行,如图5-67所示。传销组织非常注重从思想上、精神上来控制、麻醉传销人员,训练参与人的"心理素质",接受、迷信他们的"创业模式"。

(4)发展对象在转变,结构更加复杂。原来传销活动吸纳会员主要是利用亲戚朋友间的信任,蒙骗父母、兄弟姐妹、同学等,现在的传销活动利用部分人不劳而获、一夜暴富的心理,会员的文化层次和结构都发生了很大变化,逐渐转向院校毕业生甚至在校学生,如图5-68所示。

(5)利益冲突明显,容易引发刑事案件。传销组织内部有严格的组织纪律,实行层级制管理(图5-69),下线必须服从上线的管理,传销人员若提出要退出组织,轻则被拘禁,重则被殴打致伤致死。

3. 求职学生防"传销陷阱"的应对策略

(1)要树立正确的人生观,不要梦想一夜暴富,不劳而获。

图 5-68 传销的发展对象

(2)求职要谨慎,要到正规公司求职。看对方的营业执照,必要时,可到工商部门查询。到异地求职时,一定要事先和朋友亲人约好联系方式,同时,要留意观察,发现不对,马上就撤退。

(3)一定要树立防范意识,增强识别能力,如图 5-70 所示。坚决不要轻信传销人员的花言巧语,什么"工作轻松,工作时间短,福利工资高,奖金高"或是"你可以先看看、不满意你可以回去,请你来我这里玩几天,来回路费我全包"等。

图 5-69 传销组织的层级制管理

图 5-70 不参与传销

4. 误入传销窝点时的自救

(1)要克服恐惧心理。传销只是谋财,并不会害命,即使误入其中,肯定不存在生命危险,所以要克服恐惧心理,沉着冷静,不能做一些过激的行为。同时牢记三点:记住地址,伺机报警;保护安全,寻找机会;骗取信任,寻机逃离。

(2)要坚定信念,保持清醒的头脑,任凭传销者吹得天花乱坠,就是不上当,他们也没有办法。因为传销组织是没有"免费的午餐"的,他们不可能长期白白养着一个大活人,实在不做,他们也会主动放人的。所以坚持就是胜利,只要我们能沉着冷静,与传销组织斗智斗勇、巧妙周旋,就能化险为夷,成功脱离险境。

课堂实践

网上搜索一些求职被骗的典型案例在课堂上分享。

模块 10　自然灾害的安全知识与危险处理

学习目标

完成本模块学习后，你应能：

1. 认识常见的自然灾害及其特点；
2. 能采取措施防范、应对常见自然灾害。

建议课时

2 课时。

典型案例

2008 年 5 月 12 日 14 时 28 分，四川汶川大地震发生，据民政部统计，截至 2009 年 5 月 25 日 10 时，共遇难 69227 人，受伤 374643 人，失踪 17923 人。其中四川省 68712 名同胞遇难，17921 名同胞失踪，共有 5335 名学生遇难或失踪。直接经济损失达 8451 亿元，是中华人民共和国成立以来影响最大的一次地震。

2015 年 8 月 12 日零时 30 分左右，陕西省山阳县中村镇烟家沟村发生一起突发性山体滑坡，滑坡土石量达 150 多万 m^3，截至 2015 年 8 月 15 日晚上 8 时，山体滑坡事故造成 64 人被埋，未发现任何生命迹象。造成厂区 15 间职工宿舍、3 间民房被埋，64 人失踪，其中包括 7 名未成年人，造成直接经济损失 5 亿元。

2015 年 10 月 04 日 14 时左右，强台风“彩虹”于广东湛江坡头区登陆，中心最高风力可达 15 级，影响范围波及广东、广西、海南三省。“彩虹”造成广东湛江等 9 市 42 个县不同程度受灾，累计受灾人口 353.4 万人，因灾遇难者升至 18 人，4 人失踪，紧急转移安置 17.04 万人，农作物受灾面积 28.27 万 hm^2（公顷），倒塌房屋 3374 间，直接经济损失 232.4 亿元。

地球上的自然变异（包括人类活动诱发的自然变异），无时无地不在发生，当这种变异给人类社会带来危害时，即构成自然灾害。灾害都是消极的或具有破坏的作用，所以说，自然灾害是人与自然矛盾的一种表现形式，具有自然和社会两重属性，是人类过去、现在、将来所面对的最严峻的挑战之一。

一、认识自然灾害

1. 自然灾害的种类

我国国土空间上常见的自然灾害种类繁多，主要包括洪涝、干旱、台风、冰雹、暴雪、沙尘暴等气象灾害，火山、地震、山体崩塌、滑坡、泥石流等地质灾害，风暴潮、海啸等海洋灾害，森林草原火灾和重大生物灾害等。自然灾害是地理环境演化过程中的异常事件，成为阻碍人类社会发展的最重要的自然因素之一。

2. 自然灾害的特点

(1)自然灾害的分布范围很广。不管是海洋还是陆地的地上、地下，城市还是农村，平原、丘陵还是山地、高原，只要有人类活动，自然灾害就有可能发生。当然，自然地理环境的区域性也就决定了自然灾害的区域性。

(2)自然灾害的频繁性和不确定性。全球每年发生的大大小小的自然灾害非常多，近几十年，自然灾害的发生次数还呈现出增加的趋势，而自然灾害的发生时间、地点和规模等的不确定性，又在很大程度上增加了人们抵御自然灾害的难度。

(3)自然灾害具有一定的周期性和不重复性。主要的自然灾害中，无论是地震还是干旱、洪水，它们的发生都呈现出一定的周期性。人们常说的某种自然灾害“十年一遇、百年一遇”实际上就是对自然灾害周期性的一种通俗描述，自然灾害的不重复性主要是指灾害过程、损害结果的不可重复性。

(4)自然灾害造成危害的严重性。全球每年发生可记录的地震约500万次，其中有感地震约5万次，造成破坏的近千次，而里氏7级以上足以造成惨重损失的强烈地震，每年约发生15次；全球每年仅干旱、洪涝两种灾害造成的经济损失就达数百亿美元。

(5)自然灾害的不可避免性和可减轻性。由于人与自然之间始终充满着矛盾，只要地球在运动、物质在变化，只要有人类存在，自然灾害就不可能消失，从这一点看，自然灾害是不可避免的。但是，人类可以在越来越广阔的范围内进行防灾减灾，通过采取避害趋利、除害兴利、化害为利、害中求利等措施，最大限度地减轻灾害损失，从这一点看，自然灾害又是可以减轻的。

二、地质灾害的应对

地质灾害是指在自然或者人为因素作用下形成，对人类生命财产、环境造成破坏和损失的地质现象，如图5-71所示。我国地质灾害主要包括地震、滑坡、泥石流等。

图5-71　地质灾害对人类生活的破坏

1. 地震灾害的应对

同学们平时就要熟悉地震知识，掌握基本的地震防御方法，要及时收听广播，关注天气变化，不听信和传播谣言。

(1)发布临震预报后，应准备好食物、水、手电筒、毛巾、简便衣物、塑料布或简易帐篷、收音机、手机等，及时迁到开阔地（如操场）避险；要听从当地政府或者救援人员的指挥，按指定路线和地点疏散，避免混乱，使自己以及他人可以及时到达安全地带避险。

（2）教室、宿舍正门、楼道、走廊内不堆放杂物，以便在地震发生时及时逃生。易燃易爆、剧毒物品不宜放在室内，要妥善安置；高大家具上不堆放笨重物品，宿舍内空间布置要合理，不要堵塞通道。

图 5-72　教室避震

（3）正在教室上课、工作场所工作、公共场所活动时，应迅速抱头、闭眼，在讲台、课桌、工作台、办公家具下边等地方躲避，如图 5-72 所示。

（4）地震时，如在室外，要远离建筑物，尤其是高大建筑。驾车行驶时，应迅速躲开立交桥、陡崖、电线杆等，并尽快选择空旷处立即停车。

（5）正在野外活动时，应尽量避开山脚、陡崖，以防滚石和滑坡；如果遇到山崩，要向远离滚石前进的两侧方向跑；正在海边游玩时，应迅速远离，以防地震引起海啸。

（6）地震发生后，应当采取自救措施，遵循互救原则。

（7）注意震后传染性疾病的发生，加强消毒卫生工作，及时处理因地震死亡的人和动物的尸体。

（8）知悉地震前兆。自然现象中可能出现的地震前兆见表 5-18。

常见的地震前兆　　表 5-18

序号	常见征兆	说　明	图　示
1	地下水异常	井水翻花冒气泡，变颜色变味道，水位变化大等	上升 下降 翻花 打旋 冒泡 变味 发浑 浮油花
2	动物行为异常	牛羊骡马不进圈，猪不吃食狗乱咬，冰天雪地蛇出洞，老鼠搬家往外逃，鱼儿惊惶水面跳，鸽子惊飞不回巢等	

续上表

序号	常见征兆	说　明	图　示
3	地声异常	有时地震前,有来自地下的声音,其声犹如炮响雷鸣,也有如重车行驶、大风鼓荡等异常声音,如果在震中区域,3 级地震有时可听到地声	地底传出响声
4	电磁异常	地震前家用电器如收音机、电视机、荧光灯、手机等出现异常,最常见的电磁异常为收音机失灵	指南针异常

地震逃生自救方法,具体见本单元模块 2。

2. 滑坡灾害的防范与应对

滑坡是斜坡的局部稳定性受破坏,在重力作用下,岩体或其他碎屑沿一个或多个破裂滑动面向下做整体滑动的过程与现象,如图 5-73 所示。滑坡常常给工农业生产以及人民生命财产造成巨大损失,有的甚至是毁灭性的灾难。

图 5-73　山体滑坡

滑坡灾害的防范如下:

(1)日常活动不诱发滑坡灾害,选择安全地段修建校舍、房屋等,不要随意开挖坡脚。

(2)善于识别滑坡、泥石流,经验表明,滑坡灾害绝大多数发生在雨季,夜晚发生滑坡较白天发生滑坡的概率更大。外出旅游在野外宿营时,应避免选在地质松软、坡面开裂等易发生滑坡、泥石流的地带,特别是雨季的夜晚最好不要在滑坡危险区逗留。

(3)注意发现前兆。不同类型、性质、特点的滑坡,在滑动之前,均会表现出不同的异常现象,如图 5-74 所示,当发现这些前兆时应急时撤离。

①大滑动之前,在滑坡前缘坡脚处,有堵塞多年的泉水复活现象,或者出现泉水(井水)突然干枯,井(钻孔)水位突变等类似的异常现象。

②在滑坡体中,前部出现横向及纵向放射状裂缝,它反映了滑坡体向前推挤并受到阻碍,已进入临滑状态。

图 5-74　滑坡征兆

③大滑动之前,滑坡体前缘坡脚处,土体出现上隆(凸起)现象,这是滑坡明显的向前推挤现象。

④大滑动之前,有岩石开裂或被剪切挤压的音响。这种现象反映了深部变形与破裂。动物对此十分敏感,有异常反应。

⑤临滑之前,滑坡体四周岩(土)体会出现小型崩塌和松弛现象。

⑥如果在滑坡体有长期位移观测资料,那么大滑动之前,无论是水平位移量或垂直位移量,均会出现加速变化的趋势,这是临滑的明显迹象。

⑦滑坡后缘的裂缝急剧扩展,并从裂缝中冒出热气或冷风。

⑧临滑之前,在滑坡体范围内的动物惊恐异常,植物变态,如猪、狗、牛惊恐不宁、不入睡,老鼠乱窜不进洞,树木枯萎或歪斜等。

(4)当看到或听到山坡发生崩塌、滑坡时,应迅速判断崩塌、滑坡来源方向,不能顺着崩塌、滑坡运动方向逃离。通常情况下,应以最快速度向着垂直崩塌、滑坡运动的方向逃离。

图 5-75　滑坡逃生方向

(5)当看到或听到沟谷上游可能有滑坡并引发泥石流发生时,要选择好逃生路线,不能顺着沟谷向下游逃离,而应以最快速度向沟谷两侧山坡上方逃离,如图 5-75 所示。

(6)如果学校校址选在山脚下,平时要留心周围地形环境,预先选定临时避灾场所。低缓宽厚的山冈往往不易发生崩塌、滑坡,可以选作避灾场所;沿山脊展布的道路比沿山谷展布的道路更安全,日常活动和避灾过程中都应尽量选择安全道路行走。

(7)灾害发生时,不要留恋财物,要分秒必争、果断撤离,人的生命永远都是最宝贵的,在自保的同时尽量帮助别人同时脱险。

(8)同学们平时要积极参与防止滑坡、泥石流的演练,熟悉预先制订的相关应急预案和安全逃生路线。

(9)预先做好必要的物资储备。有条件时,应在避灾场地预先搭建临时住所,提供基本生活条件。

3. 泥石流灾害的应对

泥石流是指在山区或者其他沟谷深壑,地形险峻的地区,因为暴雨、暴雪或其他自然灾害引发的山体滑坡并携带有大量泥沙以及石块的特殊洪流。泥石流具有突然性以及流速快，流量大，物质容量大和破坏力强等特点。发生泥石流常常会冲毁公路铁路等交通设施甚至村镇等，造成巨大损失。

(1)发现有泥石流迹象，应立即观察地形，要马上向与泥石流成垂直方向的两侧山坡或高地等安全的避难场地撤离，爬得越高越好，跑得越快越好，绝对不能向泥石流的流动方向走。

(2)逃生时，要抛弃一切影响奔跑速度的物品。

(3)沿山谷徒步行走时，一旦遭遇大雨，发现山谷有异常的声音或听到警报时，要立即向坚固的高地或泥石流的旁侧山坡跑去，不要在谷底停留。不要躲在有滚石和大量堆积物的陡峭山坡下面，也不要攀爬到树上躲避，如图5-76所示。

图5-76　泥石流发生后，不能在谷底停留或爬树上

(4)去山地户外游玩时，要选择平整的高地作为营地，尽可能避开河(沟)道弯曲的凹岸或地方狭小高度又低的凸岸。切忌在沟道处或沟内的低平处搭建宿营棚。当遇到长时间降雨或暴雨时，应警惕泥石流的发生。

(5)当来不及避开、无法继续逃离时，应迅速抱住身边的树木等固定物体。可躲避在结实的障碍物下或蹲在地坎、地沟里。应注意保护好头部，可利用身边的衣物裹住头部。

(6)野外露营时应采取措施，以防范遭遇泥石流。出行前要了解目的地天气状况，一定要事先了解当地的近期天气实况和未来数日的天气预报及地质灾害气象预报。平整的高地不失为夜晚露宿的好地方。选择离泥石流易发生地较远处的路线。学会预测泥石流。

三、气象灾害的应对

1. 洪水灾害的应对

洪水是由暴雨、急骤融冰化雪、风暴潮等自然因素引起的江河湖海水量迅速增加或水位迅猛上涨的现象。中国是一个水灾频发的国家，每年特别是入夏后常因洪灾造成大量财产损失与人员伤亡。

(1)易受洪水淹没的地区，有连续暴雨发生时，要关注当地的洪水警报和水位变化，并且及时收听收看天气预报，必要时选择好路线进行撤离。

(2)受到洪水威胁时，如果时间充裕，应有组织地向山坡、高地等处转移。

图5-77　紧急避险

(3)洪水来得太快，已经来不及转移时，要立即爬上屋顶、楼房高屋、大树、高墙，做暂时避险，等候救援人员营救，如图5-77所示，不要单身游水转移。

(4)在山区旅游时，如果连降大雨，容易暴发山洪的情况下，应该注意避免渡河，以防止被山洪冲走。

(5)洪水中发现高压线铁塔倾倒、电线低垂或断折时，要远离这些危险物。

（6）保存好尚能使用的通信设备，做好等待救援的准备。

（7）洪水过后，要喷洒消毒防疫药物等做好卫生防疫工作，避免发生传染病。

2. 大风天气的应对

（1）开车遇到强风天气时，驾驶员最好要在车上放一些重物，并减慢行驶速度，必要时还要停车，如图5-78所示，以免车辆在行驶中突然被狂风吹翻。

图5-78　开车时遇到大风

（2）对行人来说，不要在广告牌、建筑物以及老树、腐朽树木下长期停留。

（3）在走路、骑自行车时，要少走高层楼宇之间的狭长通道。

（4）河堤、湖岸边的公路，因遮蔽少、风力集中，刮大风时，人和汽车极易被风吹入水中。

（5）在春季发生大风天气时要注意防止沙尘暴的发生，外出注意保护措施。

（6）收到大风警报后，外出的人应尽快回家，船舶应及早驶入港湾。

（7）大风即将临近时必须修改外出计划。各家应适量储存一些米面、菜蔬、饮用水、蜡烛等，有备无患。

（8）大风突然袭来时，如果人在室内，应采取紧急防风措施。

3. 雷电灾害的应对

（1）雷电发生时应迅速躲入有防雷设施保护的建筑物内，如图5-79所示。不宜进入孤立的棚屋、岗亭等低矮建筑物，汽车是躲避雷击的理想地方。

图5-79　雷雨天气，远离大树

（2）雷电发生时，应迅速远离山顶、树木、电线杆、烟囱、广告牌等孤立高大的物体，这些地方都是极易遭到雷击的地区。

（3）如找不到合适的避雷场所，应找一块地势低的地方，蹲下，双脚并拢，手放膝上，身向前屈。不要在洞穴、大石和悬崖下避雨。

（4）在空旷场地不宜打伞，不宜把金属工具、羽毛球拍、高尔夫球棍等物品扛在肩上。

（5）切勿游泳或从事其他水上运动，不宜进行户外球类、攀爬运动，尽快离开水面以及其他空旷场地，寻找有防雷设施的地方躲避。

（6）如果在江、河、湖泊或游泳池中游泳时，遇上雷雨则要赶快上岸离开。

（7）在室内时要关好门窗，远离门窗、阳台和外墙壁。

（8）在无防雷设施的房间里尽量不要使用家用电器，应该拔掉所有的电源插头，雷雨天气不要用太阳能热水器洗澡。

（9）不要使用移动电话，如图5-80所示，不要站在避雷针附近，不要靠近金属和潮湿的物体，不要穿湿衣服赶路。

(10)当你感到皮肤刺痛或头发竖起，这是雷电将至的先兆，要立即卧倒在地上。

(11)发生雷击火灾时，要立即切断电源，并迅速拨打“119”或“110”电话报警、求救。

(12)雷雨天气要注意收听雷电预报，做好预防工作，未雨绸缪。

(13)遭雷击不一定致命，许多人都曾逃过大难，所以要保持镇定，不要过于惊慌。

图 5-80　雷雨天，禁止接打手机

课堂实践

1. 结合身边，谈谈恶劣天气有哪些注意事项？
2. 说说身边发生过的因自然灾害造成的事故。

模块 11　艾滋病的安全防范与治疗保健

学习目标

完成本模块学习后，你应能：

1. 认识艾滋病及其传播途径、流行趋势；
2. 掌握艾滋病的防范、治疗和保健知识。

建议课时

2 课时。

典型案例

2017 年 2 月 9 日，浙江省卫计委在其官网上通报浙江省某医院由于违规操作而导致 5 人感染艾滋病病毒的重大医疗事件，消息一经发布，迅速传开，引起广泛关注。经查，此次传染源为一名治疗者在治疗过程中因个人原因在医院外感染艾滋病病毒，浙江省中医院一名技术人员违反“一人一管一抛弃”操作规程，在操作中重复使用吸管造成交叉污染，导致部分治疗者感染艾滋病病毒，造成重大医疗事故。经疾控机构检测，确诊 5 例。

2017 年 12 月 1 日是第 30 个世界艾滋病日。到目前为止，艾滋病毒已造成全球 3500 多万人死亡。据估计，目前仅有 70% 的艾滋病毒感染者知晓其感染状况。艾滋病离我们并不遥远。

尽管全世界众多医学研究人员在研究艾滋病领域付出了巨大的努力，但至今尚未研制出根治艾滋病的特效药物,也还没有可用于预防的有效疫苗。艾滋病已被我国列入乙类法定传染病,并被列为国境卫生监测传染病之一。

一、艾滋病概述

艾滋病是一种危害性极大的传染病,由感染艾滋病病毒(HIV 病毒)引起。HIV 是一种能攻击人体免疫系统的病毒。它把人体免疫系统中最重要的 CD4T 淋巴细胞作为主要攻击目标,大量破坏该细胞,使人体丧失免疫功能。因此,人体易于感染各种疾病,并可发生恶性肿瘤,病死率较高。HIV 在人体内的潜伏期平均为 8 ~9 年,患艾滋病以前,可以没有任何症状地生活和工作多年。

二、艾滋病的临床表现

发病以青壮年较多,80% 的发病人的年龄集中在 18 ~45 岁。我国将 HIV 感染分为急性期、无症状期和艾滋病期。

(1)急性期:通常发生在初次感染 HIV 后 2 ~4 周。

部分患者在感染 HIV 初期无临床症状,但大部分 HIV 感染后可出现 HIV 病毒血症和免疫系统急性损伤所产生的临床症状。主要表现为发热、咽痛、盗汗、恶心、呕吐、腹泻、皮疹、关节痛、淋巴结肿大及神经系统症状。多数患者临床症状轻微,持续 1 ~3 周后缓解。

急性期在血液中可检出 HIV-RNA 和 P24 抗原,而 HIV 抗体则在感染后数周才出现。CD4 + T 淋巴细胞计数一过性减少,CD4/CD8 比例可倒置。

(2)无症状期。

艾滋病可从急性期进入无症状期或直接进入无症状期,感染者的无症状期持续时间可长可短,少则 2 年,长的可达 20 年,其长短与感染病毒的数量、型别、感染途径、机体免疫状况等多种因素有关,无症状期持续时间一般为 6 ~8 年。

(3)艾滋病期。

为感染 HIV 后的最终阶段。病人 CD4-T 淋巴细胞计数明显下降,多小于 200 个/mm^3,HIV 血浆病毒载量明显升高。艾滋病期主要临床表现为 HIV 相关症状、各种机会性感染及肿瘤。

HIV 相关症状:主要表现为持续一个月以上的发热、盗汗、腹泻;体重减轻 10% 以上。部分病人表现为神经精神症状,如记忆力减退、精神淡漠、性格改变、头痛、癫痫及痴呆等。另外还可出现持续性全身性淋巴结肿大,其特点为除腹股沟以外有两个或两个以上部位的淋巴结肿大,淋巴结直径大于 1cm,无压痛,无黏连,且持续时间 3 个月以上。

HIV 相关机会性感染及肿瘤的常见症状:发热、盗汗、淋巴结肿大、咳嗽咳痰咯血、呼吸困难、头痛、呕吐、腹痛腹泻、消化道出血、吞咽困难、食欲下降、口腔白斑及溃疡、各种皮疹、视力下降、失明、痴呆、癫痫、肢体瘫痪、消瘦、贫血、二便失禁、尿储留、肠梗阻等。

三、世界艾滋病日

为提高人们对艾滋病的认识,世界卫生组织于 1988 年 1 月将每年的 12 月 1 日定为世界艾滋病日(因为第一个艾滋病病例是在 1981 年此日诊断出来的),号召世界各国和国际组织在这一天举办相关活动,宣传和普及预防艾滋病的知识。

世界艾滋病日的标志是红绸带，如图 5-81 所示。

图 5-81　世界艾滋病日的标志

四、艾滋病的传播途径

HIV 主要存在于感染者和病人的血液、精液、阴道分泌物、乳汁中，因此艾滋病的传播途径有三种：性传播、血液及血制品传播、母婴传播。

（1）性行为：与已感染的伴侣发生无保护的性行为，包括同性、异性和双性性接触。

（2）血液及血制品：包括不卫生的文身和采血、人工授精、皮肤移植和器官移植，也包括与他人共用被感染者使用过的、未经消毒的吸毒注射工具，这是一种非常重要的 HIV 传播途径。

（3）母婴传播：在怀孕、生产和母乳喂养过程中，感染 HIV 的母亲可能会传播给胎儿及婴儿。

目前，大众虽然对艾滋病有一定的认识，但对艾滋病知识的熟悉程度依旧不高，并且存在着许多错误的认识。艾滋病并没有想象中那么可怕，一般的生活接触和社交活动并不会感染艾滋病，如：握手、拥抱、礼节性接吻；一起吃饭、喝饮料以及共用碗筷、杯子；使用公共设施如厕所、游泳池、公共浴池、电话机、公共汽车；一起居住、购物、使用钞票、劳动和学习等，如图 5-82 所示。因而，没有必要刻意和艾滋病人保持距离，更不应该歧视艾滋病患者。

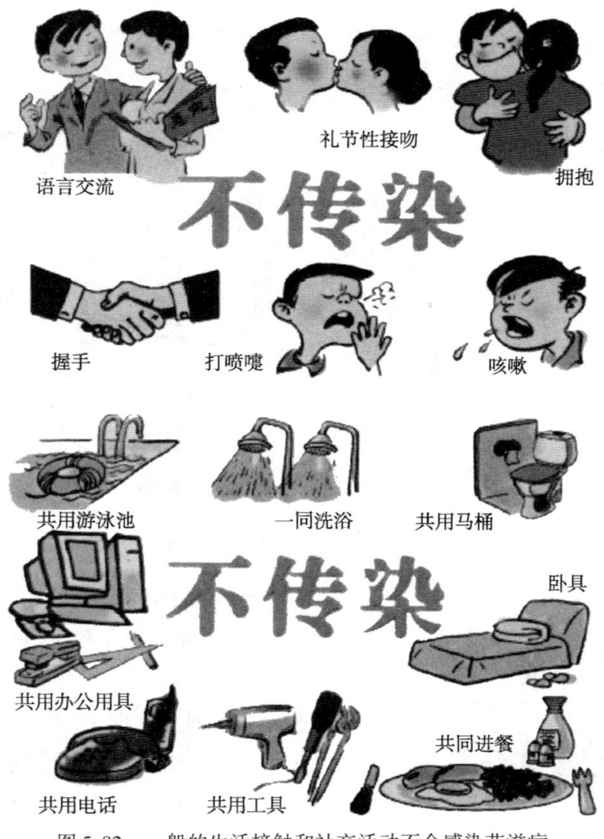

图 5-82　一般的生活接触和社交活动不会感染艾滋病

五、中国艾滋病现状

据权威媒体报道,2016 年全球艾滋病发病数是 11 年前的 9.7 倍。中国的情况也不容乐观,据悉,艾滋病是中国法定传染病报告死亡数居最高的病种。2016 年(2016 年 1 月 1 日 0 时至 12 月 31 日 24 时),全国(不含港澳台)共报告法定传染病发病 6944240 例,死亡 18237 人,报告发病率为 506.59/10 万,报告死亡率为 1.33/10 万。其中,艾滋病发病数为 54360 例,较上一年增长了 8.0%,2011 年来,我国艾滋病发病人数持续增长。2016 年艾滋病发病率为 3.9656/10 万,如图 5-83 所示。2016 年,我国艾滋病死亡人数为 14091 人,较上一年增长了 10.5%。2016 年艾滋病死亡率为 1.028/10 万,如图 5-84 所示。

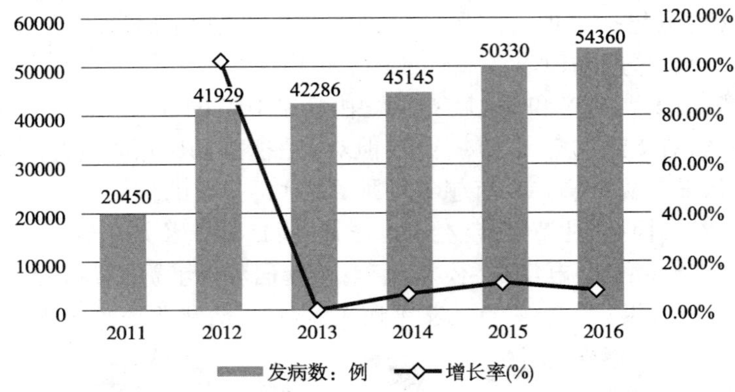

图 5-83　2011 年至 2016 年全国艾滋病发病数走势

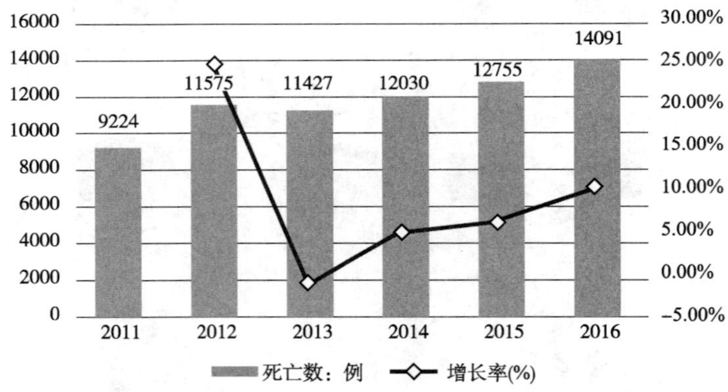

图 5-84　2011 年至 2016 年中国艾滋病死亡人数走势

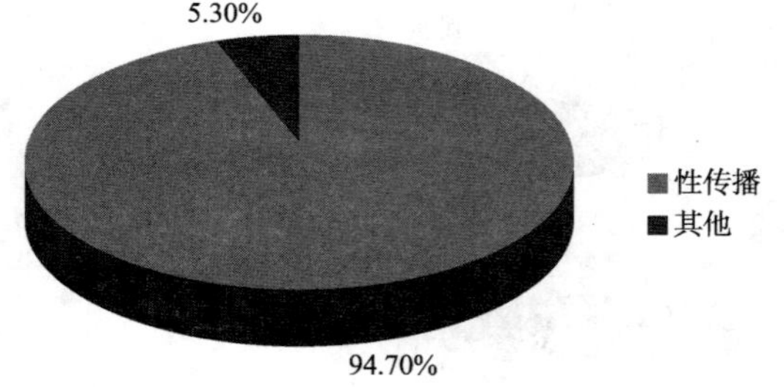

图 5-85　中国艾滋病病毒全人群感染者传播途径占比

截至 2016 年底,中国艾滋病病毒全人群感染率为 0.06%,云南、广西、新疆、四川和重庆超过 0.1%。值得注意的是,2016 年中国 94.7% 的新发现感染者和患者是通过性传播(图 5-85),其中异性传播占 67.1%,同性传播占 27.6%;中国新发现的病毒感染者中,男性是女性感染者的 3.7 倍。

“早预防、早发现、早治疗”这“三早”措施，是目前战胜艾滋病的三件“法宝”。

六、艾滋病的预防

艾滋病是严重危害人民健康和生命安全的重大疾病，加强防治工作是实施健康中国战略的重要任务。由于艾滋病目前没有完全有效的疫苗可以预防，拒绝毒品、自尊自爱、遵守性道德是预防艾滋病的根本措施。

1. 预防艾滋病经性接触传播

要遵守性道德，固定性伴侣，安全性行为，坚持每次正确使用质量合格的安全套。性病可增加感染艾滋病病毒的风险，怀疑自己患有性病时，要尽早检查、及时治疗，争取治愈，还要动员与自己有性接触的人接受检查和治疗。

2. 预防艾滋病经血液接触传播

要避免不必要的注射或输血等；远离毒品，抵制毒品；不共用牙具、剃须刀；文身、穿刺等确保工具消毒，救护流血伤员时，要设法不让血液直接沾染自己的皮肤，尤其是在自己身上发生皮肤破伤时更应重视。医生、护士、化验员在为艾滋病感染者服务时，要严防手术刀、注射用针头等损伤自己的皮肤。进行采血、注射、清洁伤口、处理污物等操作时要戴上手套，进行内窥镜、拔牙、镶牙，要戴手套、眼罩和口罩，接触过血液或液体要重复使用的医疗仪器或医疗卫生用品，要用清水冲洗再消毒。如要拔牙或其他口腔治疗、注射、针刺治疗时，必须到正规的医疗机构诊治，要求使用一次性用具。

3. 预防艾滋病经母婴传播

感染艾滋病病毒的妇女考虑怀孕前要接受医学咨询，最好不要怀孕。选择妊娠者要接受艾滋病抗病毒治疗，婴儿出生后也要接受抗病毒药物治疗，产后要避免对新生儿进行母乳喂养。

七、艾滋病的治疗

目前，在全世界范围内仍缺乏根治 HIV 感染的有效药物。现阶段的治疗目标是：最大限度和持久地降低病毒载量；获得免疫功能重建和维持免疫功能；提高生活质量；降低 HIV 相关的发病率和死亡率。该病的治疗强调综合治疗，包括：一般治疗、抗病毒治疗、恢复或改善免疫功能的治疗及机会性感染和恶性肿瘤的治疗。

1. 一般治疗

对 HIV 感染者或获得性免疫缺陷综合征患者均无须隔离治疗。对无症状 HIV 感染者，仍可保持正常的工作和生活。应根据具体病情进行抗病毒治疗，并密切监测病情的变化。对艾滋病前期或已发展为艾滋病的患者，应根据病情注意休息，给予高热量、多维生素饮食。不能进食者，应静脉输液补充营养。加强支持疗法，包括输血及营养支持疗法，维持水及电解质平衡。

2. 抗病毒治疗

抗病毒治疗是艾滋病治疗的关键。随着采用高效抗反转录病毒联合疗法的应用，大大提高了抗 HIV 的疗效，显著改善了患者的生活质量。

2016 年以来，通过政府卫生主管部门、各专科医疗机构及民间防艾组织的共同努力，我国早期艾滋病患者的发现率、患者接受抗病毒治疗率及抗病毒治疗有效率这三个重要指标均较以前有显著提高。但从中国总体情况来看，距离世界卫生组织（WHO）要求的“三个90%”还有一些差距。WHO要求90%的感染者通过检测知道自己的感染状况、90%已经诊断的感染者能够接受抗病毒治疗、90%接受抗病毒治疗的感染者病毒得到持续抑制。因此，在未来相当长一段时间内，“早发现、早治疗”依然是我国艾滋病防控的最重要举措，不会改变。

八、艾滋病患者的保健

1. 适宜的进食

艾滋病患者，经过各种治疗和化疗后，要注意适宜的饮食，要根据患者的能力和需求，控制饮食摄入食量，摄入太多，导致消化不良，严重会伤害患者的脾胃等功能，但也不能缺乏营养。艾滋病患者对很多食物是需要禁忌的，要注意疾病的变化和感染，饮食尽量要避免阴虚内热的食物，可多吃一些补益作用强的食物，可用生姜来御寒。

2. 日常的护理

患者在居住和调理的房间里要注意房间通风，这样可以让病菌流出房间保持好的空气环境，在夏季要尽量避免空调的直吹，多呼吸外界的新鲜空气，艾滋病患者是比较脆弱的，要多进行保暖。

3. 避免刺激异味

艾滋病的患者要多注意保障自己，刺激气味或吸入烟雾会导致艾滋病身体不舒服。

课堂实践

1. 说说世界艾滋病日标志的含义；结合身边，谈谈有无感染艾滋病的机会。
2. 谈谈如何对待艾滋病患者？

参 考 文 献

[1] 魏荣庆,邓学平,谢力军.中职学生安全教育[M].北京:新华出版社,2017.

[2] 刘雁.中职学生安全教育[M].北京:人民交通出版社,2014.

[3] 杨新生.大学生安全教育[M].北京:机械工业出版社,2017.

[4] 徐晓光,胡桂兰.职校生安全教育知识读本[M].北京:机械工业出版社,2017.

[5] 张国庆,金辉.大学生安全教育[M].成都:电子科技大学出版社,2015.

[6] 王横威.大学生安全教育[M].北京:人民邮电出版社,2017.

[7] 教育部基础教育司.防治中小学生欺凌和暴力指导手册[M].北京:教育科学出版社,2017.

[8] 刘涛.技工院校汽车类专业基础课程改革探讨与应用[J].科技与创新,2016,14:135-136.